Mars et Vénus
en harmonie

DU MÊME AUTEUR
aux Éditions Michel Lafon

Les hommes viennent de Mars, les femmes viennent de Vénus

Mars et Vénus en Amour

Mars et Vénus refont leur vie

Les Enfants viennent du paradis

Mars et Vénus : 365 jours d'amour

Mars et Vénus : Ensemble pour toujours

Mars et Vénus sous la couette

Mars et Vénus au travail

Mars et Vénus au régime

Mars et Vénus : petits miracles au quotidien

John Gray

Mars et Vénus en harmonie

Traduit de l'anglais (États-Unis)
par Corinne Dewandre

Combattez le stress, évitez les disputes et retrouvez l'amour

Michel LAFON

Titre original : *When Mars and Venus Collide*

7-13, boulevard Paul-Émile-Victor – Île de la Jatte
92521 Neuilly-sur-Seine Cedex

Ce livre est dédié à ma femme, Bonnie Gray,
avec mon plus profond amour.
Elle m'a aidé à découvrir le meilleur de moi-même
et m'a incité à partager avec les autres
ce que nous avons appris ensemble.

Introduction

Au cours des cinquante dernières années, la vie est devenue plus complexe. Les longues heures de travail, les trajets exténuants au milieu des embouteillages, les prix toujours plus élevés du logement, tout comme ceux de la nourriture et des soins médicaux, les taux croissants des remboursements du crédit à la consommation, les responsabilités professionnelles et familiales des parents qui travaillent tous deux ne sont que quelques-unes des nombreuses sources du stress moderne. Même si les nouvelles technologies sont censées nous rapprocher, le déluge d'informations, l'accès permanent à Internet et l'usage des téléphones mobiles ont réduit la plupart de nos échanges à un message texto. Il ne nous reste que peu d'énergie à consacrer à nos proches, car nous rentrons le soir épuisés par la course au rendement.

Le niveau de stress sans précédent que subissent aujourd'hui tant les hommes que les femmes altère nos relations amoureuses. Les célibataires comme les couples sont la plupart du temps trop surmenés pour entretenir la séduction, la tendresse et l'affection.

Pris par le quotidien, nous ne discernons plus l'évidence. Un homme se dévoue corps et âme pour subvenir aux besoins matériels des siens... mais rentre à la maison trop fatigué pour leur parler. Une femme accomplit des prodiges pour satisfaire son mari et ses enfants... et leur en veut ensuite de ne pas lui apporter en retour le soutien qu'elle attend. Sous l'influence du stress, chacun oublie pourquoi il se donne tant de mal.

Au cours de mes voyages dans de nombreux pays à l'occasion de mes conférences sur « Mars et Vénus », j'ai observé une nouvelle tendance dans les rapports amoureux et conjugaux, liée à l'augmentation du stress. Trop occupées ou épuisées pour résoudre leurs problèmes relationnels, bon nombre de personnes en arrivent à la conclusion que leur partenaire est exigeant ou difficile à comprendre. Face à une pression accrue dans leur carrière pour assurer leur niveau de vie, les hommes et les femmes en viennent à négliger leur vie personnelle. Certains couples sont en butte à davantage de tension, alors que d'autres renoncent à leurs idéaux, en escamotant leurs émotions. Ils se supportent, mais la passion a disparu.

Les relations amoureuses ont toujours été délicates à gérer, mais le stress a aggravé le problème.

Heureusement, il existe un antidote. Loin de constituer un souci de plus à régler, le lien affectif peut tout résoudre. Plutôt que de trouver chez soi une source supplémentaire de tension et de tracas, on peut se ressourcer chaque soir dans un havre de paix et de sécurité, d'amour et de réconfort. Comprendre que les hommes et les femmes ne réagissent pas de la même manière au stress est le premier pas vers l'amélioration de la relation conjugale.

Une bonne communication est la clé du rapprochement entre deux êtres. Mais quand le stress est de la partie, Mars et Vénus ne sont plus en harmonie. Au lieu de surmonter ensemble les difficultés de la vie et de renforcer leur amour, certains couples s'installent dans une distance supportable mais dénuée de passion, tandis que d'autres se déchirent, minés par le ressentiment, le désarroi et la défiance.

Non seulement les hommes et les femmes réagissent chacun à leur façon face à la pression, mais le soutien dont ils ont besoin pour l'évacuer diffère lui aussi. La prise de conscience de ces différences naturelles nous permet de montrer plus de tolérance quand elles se manifestent. Au lieu de penser « C'est quoi son problème ? », vous apprenez à chercher ce qui constitue votre propre problème, notamment dans la manière dont vous traitez votre partenaire. Si jusqu'ici vous pensiez que votre partenaire avait délibérément décidé de mal se comporter à votre égard, vous vous apercevez que, le plus souvent, il n'a pas conscience de vous blesser.

Pour atteindre sa destination, un avion programmé en pilotage automatique réalise constamment de petits ajustements. Sa trajectoire paraît rectiligne, mais le tracé s'adapte en permanence à la force des vents contraires. Il en va de même pour la vie à deux. C'est en acceptant les petites adaptations nécessaires qu'on peut entretenir un amour durable. Il est possible de réduire les tensions au sein de la relation si on assume la responsabilité de ses erreurs, tout en ajustant ses réactions.

À défaut d'identifier nos besoins distincts, nous risquons d'opérer des ajustements dans la mauvaise direction. Mon souhait, dans cet ouvrage, est de vous apporter les éléments pour comprendre et surmonter les effets délétères du stress et mettre le cap vers une vie pleine d'amour.

Nous commencerons par examiner les nouvelles sources de tensions, générées par l'évolution des rôles traditionnels masculin et féminin. La pression récemment apparue sur les épaules des femmes dans la sphère professionnelle et le déclin du rôle de l'homme en tant que seul soutien de famille ont secoué les fondations de notre société. Les attentes masculines et féminines, modelées au cours de plusieurs millénaires, ont été complètement bouleversées en un laps de temps très court.

L'égalité des droits, la libération sexuelle, l'accès aux études supérieures et une plus grande autonomie financière permettent désormais aux femmes d'être maîtresses de leur destin, mais ces nouvelles donnes constituent aussi des sources de tracas. Jamais dans l'Histoire on n'a tant demandé aux femmes... et il y a de quoi se sentir débordées sur Vénus. Bien sûr, le stress est immédiatement transmis à Mars et dégénère en malentendus, frictions et disputes.

Après avoir évalué les changements d'exigences dans les relations, nous passerons en revue les recherches scientifiques récentes qui confirment les différences entre les sexes, abordées de manière empirique dans mes précédents ouvrages. Des facteurs physiologiques expliquent pourquoi les femmes éprouvent du réconfort à parler de leurs problèmes, alors que les hommes préfèrent prendre du recul, murés dans un silence prudent, ou pourquoi elles sont capables de mener plusieurs tâches en même temps et se souviennent de tout, alors qu'ils se concentrent sur une seule chose à la fois et oublient tout le reste. Je ferai le point sur la recherche scientifique pour exposer, dans des termes accessibles, comment les hormones masculines et féminines répondent respectivement à des situations difficiles ou au stress.

Une appréhension plus précise de ces mécanismes vous permettra d'identifier comment le surmenage engendre les crises de couple.

Se détendre avec plus d'efficacité est l'étape suivante. Que vous viviez en ce moment une relation amoureuse, que vous commenciez une nouvelle histoire ou que vous soyez célibataire, vous découvrirez des stratégies très concrètes pour améliorer vos échanges, ensoleiller votre humeur, augmenter votre niveau d'énergie, renforcer l'attirance mutuelle au sein de votre couple et profiter ensemble d'une existence plus riche. Vous apprendrez pourquoi la communication entre votre partenaire et vous se détériore, ou débusquerez les causes de vos échecs amoureux passés et la façon de les éviter à l'avenir.

J'analyserai avec vous les phases d'une dispute et vous transmettrai quelques suggestions éprouvées pour mettre fin à un différend avant qu'il devienne irrémédiable, ainsi que des conseils pour la réconciliation. Et, plus important, je vous enseignerai comment éviter complètement les disputes grâce à des "conversations vénusiennes" régulières, qui réconforteront les Vénusiennes et permettront aux Martiens d'éprouver un sentiment de devoir accompli en déployant un effort minimum.

Enfin, je vous suggérerai différentes manières de réduire votre tension par un engagement extérieur.

À l'instar de Mars et de Vénus, qui tournent autour du soleil de façon harmonieuse en suivant leur propre trajectoire, les hommes et les femmes doivent apprendre à suivre cet exemple afin de pérenniser leur amour. En lisant *Mars et Vénus en harmonie* j'espère que vous partagerez mon enthousiasme et connaîtrez vous aussi une vie à deux sous le signe de l'harmonie.

John GRAY,
Avril 2007

CHAPITRE 1

Pourquoi Mars et Vénus se disputent

Voici un petit scénario qui se répète tous les soirs, dans de nombreux foyers...

Susie entre dans l'appartement qu'elle partage avec son mari Marc. Elle croule sous des sacs de courses en plus de son ordinateur portable.

– Bonsoir, désolée, je suis en retard. Quelle journée ! crie-t-elle pour couvrir le son de la télévision dans le salon.

– Bonsoir chérie, répond son mari. J'arrive dans un instant. Je veux juste voir les cinq dernières minutes de la première mi-temps.

Susie dépose les sacs de provisions sur le plan de travail de la cuisine et commence à trier le courrier que Marc y a laissé. Elle sort une bouteille d'eau du réfrigérateur.

– J'ai acheté une salade pour qu'on la mange avec les restes de dinde au curry, explique-t-elle à Marc qui vient de la rejoindre.

– Oh, j'ai déjà mangé la dinde ! J'étais mort de faim, et quand tu as appelé pour me prévenir que tu serais en retard, je l'ai réchauffée au micro-ondes, ajoute-t-il en l'embrassant. Tu es prête pour ta présentation de demain ?

– Sympa ! J'espérais qu'on dînerait ensemble avant de la

peaufiner. Je ne me sens pas tout à fait prête. Mon patron compte vraiment sur moi. Il ne s'est pas montré très enthousiaste lors de la réunion de planification.

– Je suis sûr que ta présentation est parfaite ! Tu t'inquiètes pour rien, affirme Marc dans l'espoir de rassurer sa femme. Tu es trop perfectionniste.

– Non, vraiment, je ne pense pas que ce soit complètement au point. Je veux les épater. Je me sens angoissée par cette présentation.

– Peut-être devrait-on sortir manger un petit bout. Cela te relaxerait... Je peux manquer la fin du match.

– Tu rigoles ? J'ai trop de choses en tête, et j'ai besoin d'une bonne nuit de sommeil.

– Bon, ben alors, on pourrait se faire livrer...

– J'essaie de manger sain. Et des pizzas ou des hamburgers n'entrent pas dans mon régime. Je vais faire des œufs brouillés avec du pain grillé.

– Comme tu voudras...

– Au fait, tu as pensé à passer prendre mon tailleur noir au pressing ?

En voyant l'expression de Marc, le sang de Susie ne fait qu'un tour.

– Ne me dis pas que tu as oublié ! J'avais prévu de porter ce tailleur à la présentation de demain !

– Mais ton placard est rempli de vêtements !

– Là n'est pas la question ! Je te l'avais pourtant rappelé.

– Écoute, je me lèverai tôt demain matin et passerai à l'ouverture du pressing... J'étais trop fatigué pour faire quoi que ce soit en rentrant.

– Impossible, j'ai l'intention de partir tôt.

– Je suis vraiment désolé, Susie... Ça m'est complètement sorti de la tête.

– Oui, merci beaucoup. Tout ce que je te demandais, c'était un peu d'aide pour avoir le temps de préparer la journée de demain, qui est importante pour moi.

Il ressort clairement de cet échange que la soirée à venir ne va pas apporter beaucoup de détente à Susie et à Marc, qui risquent fort de se disputer. Au mieux, ils resteront chacun dans leur coin, et l'ambiance ne sera pas au romantisme. Ce qui s'est passé entre Susie et Marc est un exemple parmi tant d'autres des causes de friction les plus courantes aujourd'hui. Susie a un boulot stressant, elle attend de son mari qu'il contribue aux tâches de la maison, mais il oublie ses demandes et ne prête qu'une oreille distraite à son inquiétude. Ajoutez à l'équation les tentatives de Marc de régler les problèmes de Susie avec des solutions expéditives, et c'est l'explosion assurée.

La lecture de *Mars et Vénus en harmonie* vous permettra d'identifier les remarques quotidiennes qui heurtent l'autre dans sa spécificité.

Il nous faut réévaluer ce que chacun attend de l'autre et chercher à percevoir qui nous sommes vraiment, nos capacités à donner et à nous compléter pour affronter les défis quotidiens. À nous d'inventer de nouveaux rôles pour instaurer la complicité et susciter l'entraide. L'erreur la plus courante des femmes consiste à penser que leur conjoint, confronté à la même situation, agira de manière identique à la leur. Le travers masculin le plus répandu est l'ignorance des réels besoins féminins. La répétition de ces écueils mène chacun à s'enfermer dans la solitude. L'impression de pouvoir compter sur l'autre, évidente au début de la relation, disparaît.

Les femmes s'attendent à tort à ce que leur conjoint réagisse de manière identique à la leur, alors que les hommes persistent à ne pas identifier les véritables besoins féminins.

Les hommes adorent résoudre les problèmes, mais lorsque leurs efforts sont vains, ils se découragent et renoncent. Pourtant, quand ils s'en aperçoivent, la plupart des hommes gagnent en efficacité dans le soutien qu'ils apportent aux femmes pour surmonter les tracas quotidiens. Cet ouvrage contribue à expliquer ce point crucial d'une manière accessible pour les hommes. Mais il entend aussi guider les femmes dans leur démarche de découverte personnelle, et leur donner les clés pour mieux formuler leurs appels à l'aide et cesser de repousser les tentatives masculines.

Un autre scénario...

Anne est occupée à débarrasser la table du repas des enfants quand elle entend Stéphane rentrer la voiture dans le garage. Il apparaît, l'oreille vissée à son téléphone mobile.

– Je n'en reviens pas. Les documents étaient censés être achevés avant la fin de la journée. Comment pourra-t-on rendre le projet avant vendredi ? Tu peux essayer d'obtenir un délai jusqu'à lundi ? Fais au mieux, tiens-moi au courant.

Il dépose sa serviette et s'adosse au mur, s'apprêtant à consulter les messages sur son Blackberry.

– On dirait que ta journée a été aussi difficile que la mienne, remarque Anne. Tu veux un verre de vin ? On peut s'asseoir et en parler.

– Du vin ? Euh... non.

Il paraît concentré sur ses messages.

– Je pense que je vais me prendre une bière et regarder le JT.

– Je n'ai pas pu m'empêcher d'entendre ta conversation, remarque Anne en sortant une bouteille de bière du réfrigérateur pour Stéphane. Cela signifie-t-il que tu ne pourras pas venir voir le match de tennis d'Hugo samedi ? Il sera très déçu. Je dois aussi conduire Mélanie à son cours de danse et Léo au basket, puis à son cours d'anglais. Je n'arriverai pas à faire cela toute seule.

– Écoute, je n'ai pas envie d'y penser maintenant. On avisera le moment venu. Si je n'obtiens pas le délai supplémentaire, j'aurai

tout le temps que tu voudras ce week-end, mais je serai lessivé. On va trouver une solution... ne t'inquiète pas.

– Attends, moi aussi, j'ai des engagements. Quand seras-tu en mesure de me dire si tu dois travailler ce week-end ou pas ?

– En tout cas, pas d'ici demain matin. Inutile d'en discuter maintenant.

– Bon, qu'est-ce que tu veux manger pour le dîner ? Les enfants avaient tellement faim qu'ils ont terminé le poulet.

– Ça m'est égal, ce que tu veux...

– Alors, on pourrait se faire des pâtes au pesto, ou...

– Vraiment Anne, cela m'est complètement égal, l'interrompt Stéphane. Je n'ai pas envie d'y réfléchir.

– Génial. J'adore l'intérêt que tu montres pour mes repas... et moi aussi, j'ai travaillé aujourd'hui. Je vais préparer n'importe quoi.

Elle ouvre un placard, étudie son contenu et reprend.

– Quand on aura fini de dîner, Hugo a besoin d'aide pour ses maths. Ses notes commencent à baisser à cause des entraînements de tennis...

– Écoute, tout ce dont j'ai envie maintenant, c'est de m'affaler dans le fauteuil et de m'y endormir.

Le jeune Léo arrive en courant dans la cuisine.

– Papa, t'es rentré ! Tu veux jouer à un jeu vidéo ?

– Salut mon pote ! répond Stéphane.

– Pas maintenant, Léo, intervient Anne. Papa est fatigué. Et tu devrais être en train de faire tes devoirs !

-- Oh, vous êtes pas rigolos, vous deux !

Anne et Stéphane se jettent un regard, reconnaissant que leur fils a raison.

Les moments de répit n'occupent que peu de place dans leur quotidien surchargé qui leur impose de jongler constamment entre les contraintes professionnelles et les exigences familiales – ce qui engendre énervement et désarroi.

Dans ce scénario, Anne et Stéphane restent enfermés chacun dans leur propre fonctionnement, sans se rendre compte qu'ils ne respectent pas la manière dont l'autre a besoin de décompresser après une journée harassante. Les frictions surviennent inévitablement.

Nos différences s'accentuent sous l'effet du stress

Les relations souffrent du fait qu'hommes et femmes appréhendent la tension chacun à leur manière. Les hommes viennent de Mars et les femmes de Vénus, et nos différences s'accentuent sous l'effet du stress. La dispute paraît inéluctable.

Aujourd'hui, l'objectif primordial est de percevoir que les hommes et les femmes appréhendent le stress d'une façon qui leur est spécifique.

Ce dont les hommes ont besoin pour soulager la pression paraît même à l'opposé de ce qui aide les femmes à se libérer l'esprit. L'homme se retire dans sa grotte pour oublier ses problèmes de la journée, alors que la femme a besoin de se rapprocher de son partenaire pour en discuter. Le découvrir contribue à l'épanouissement du lien amoureux.

Les récentes recherches scientifiques (exposées au cours des deux prochains chapitres) révèlent que les manières propres à chaque sexe d'appréhender les événements trouvent leur fondement dans une constitution différente des cerveaux et sont grandement influencées par nos hormones. Ces réactions s'intensifient sous un stress accru. La connaissance des différences biochimiques innées permet d'abandonner l'habitude néfaste de vouloir changer son partenaire, et conduit au contraire à se réjouir de ces différences. Au lieu d'éprouver du ressentiment l'un envers l'autre, nous pouvons rire ensemble de ces divergences.

Nous savons intuitivement que l'amour se fonde sur l'acceptation et le pardon, sans parvenir parfois à y accéder. En menant à bien cette démarche, vous constaterez que vous avez le pouvoir de faire ressortir le meilleur de votre partenaire.

**Plutôt que de vous focaliser
sur ce que vous ne recevez pas,
vous parviendrez à goûter ce qui vous est donné.**

Les scénarios que nous venons de voir illustrent les occasions les plus caractéristiques pour les hommes et les femmes de se disputer. Peut-être vous reconnaîtrez-vous aussi dans les critiques rassemblées ci-dessous. Il s'agit des reproches entendus régulièrement au cours de ma vie professionnelle.

Reproches vénusiens sur Mars	Reproches martiens sur Vénus
Il laisse tout traîner dans la maison. J'en ai assez de ramasser ses affaires.	Il y a toujours quelque chose que je n'ai pas bien fait.
Nous travaillons tous deux. Pourquoi ne participe-t-il pas aux tâches de la maison ?	Quand je lui propose de l'aider, ma proposition ne lui convient pas. À quoi bon essayer ?
Il s'affale devant la télé pendant que je fais tout. Je suis son esclave.	Elle veut toujours que tout soit fait à l'instant même. Pourquoi ne peut-elle pas un peu se détendre ?

Il oublie tout. Je ne peux pas compter sur lui.	Elle se souvient de toutes mes erreurs passées et les évoque à chaque occasion.
Les seules fois où il m'aide, c'est quand je le lui demande. Pourquoi ne peut-il pas prendre les choses en main comme je le fais ?	Elle s'imagine que je peux lire dans son esprit et deviner ce qu'elle veut.
Il est devenu si irritable, il peut vraiment être de mauvaise humeur. Je ne sais pas quoi faire pour l'aider. Il m'exclut de ses préoccupations.	Quand j'aide dans la maison, elle paraît toujours aussi épuisée. Elle ne remarque et n'apprécie pas ce que je fais.
Avant, il était affectueux et attentionné. Maintenant, il ne fait attention à moi que s'il a besoin de quelque chose.	Elle est toujours en train de râler. Rien ne peut la contenter.
Il ne remarque même plus comment je suis habillée. Est-ce trop demander, un petit compliment de temps en temps ?	Tout prend toujours des proportions énormes avec elle. Pourquoi est-elle si émotive ?
On n'a plus jamais le temps de passer des soirées romantiques. Soit il travaille, soit il regarde la télé.	Quand j'ai envie de faire l'amour, elle est trop fatiguée ou débordée.
Les seules fois où il me prend dans ses bras, c'est quand il a envie de faire l'amour.	Quand je m'occupe des enfants, elle n'arrête pas de m'adresser des reproches. Elle dit qu'elle a besoin de temps pour elle, et puis elle ne peut s'empêcher de m'assener ses consignes.

Certains de ces reproches vous sont-ils familiers ? Ils constituent la partie émergée de l'iceberg mais sont symptomatiques des nouvelles relations de couple. Une meilleure appréhension de nos habitudes respectives permet d'alléger les échanges au sein du foyer et de favoriser la connivence.

Le dénominateur commun de ces critiques, c'est la stratégie propre à chaque sexe pour affronter les situations difficiles.

POURQUOI NOUS SOMMES STRESSÉS

La nouvelle distribution des rôles, qui a émergé au cours des cinquante dernières années, est une nouvelle et importante cause de frictions. Jusqu'alors, un homme travaillait pour subvenir aux besoins des siens. Il en retirait un sentiment de fierté et d'accomplissement, et recevait à son retour la reconnaissance de son épouse, ce qui l'aidait aussi à mieux accepter les exigences de son travail.

Les femmes, alors, consacraient le plus clair de leur temps aux tâches ménagères et aux soins des enfants. Elles entretenaient aussi des relations amicales et donnaient éventuellement de leur temps en s'impliquant dans leur paroisse, l'école de leurs enfants ou des associations caritatives. Les femmes au foyer, très actives, pouvaient néanmoins établir leurs priorités pour maintenir au plus bas leur niveau de stress. Les définitions du travail féminin et du travail masculin étaient clairement formulées. On n'attendait pas des hommes qu'ils aident dans la maison, si ce n'est bricoler ou porter les objets lourds. L'avènement d'une nouvelle ère a bouleversé cet ordre établi. Le coût de la vie ayant beaucoup augmenté ces dernières décennies, la plupart des femmes n'ont désormais plus la possibilité de rester à la maison. Elles contribuent à présent aux revenus du ménage. En même temps, le mouvement féministe a permis aux femmes de prendre conscience de leur valeur et de rechercher une activité professionnelle qui soit aussi source d'épanouissement, leur permettant d'exercer leurs talents. La charge de l'entretien d'un intérieur et du bien-être de leur famille s'ajoute désormais à leurs responsabilités professionnelles. La pression sur leurs épaules s'accroît et les femmes ont besoin de soutien pour l'évacuer, au risque de se sentir submergées par les multiples contraintes.

TRAVAILLER N'EST SOUVENT PLUS UN CHOIX POUR LES FEMMES, MAIS UNE NÉCESSITÉ

Mais cette nouvelle donne engendre aussi un surcroît de tension masculine. Au lieu de rentrer chez lui pour se détendre et récupérer d'une journée éreintante, l'homme doit combler les attentes de sa femme et de ses enfants. Sa femme juge normal qu'il s'implique dans les tâches ménagères et assume sa part des trajets des enfants. Rentré chez lui, il tente de soutenir sa femme, et n'a pas l'occasion de décompresser de la pression accumulée au long de la journée. Après un certain temps, il sent poindre la fatigue et se montre irritable. Le soir, quand chacun a répondu aux nombreuses demandes familiales, le temps et la disponibilité pour entretenir la relation amoureuse fait défaut. La nouvelle répartition des rôles a des répercussions notables sur la vie à deux.

Même lorsqu'une femme choisit de rester à la maison, elle est souvent isolée du reste de la société et souhaiterait être mieux épaulée. Plus de la moitié des femmes en couple travaillent ; pour les femmes au foyer, trouver des amies disponibles avec lesquelles organiser des activités est moins facile que par le passé. De plus, dans ce cas de figure, la pression pesant sur les épaules de l'homme s'intensifie, car faire vivre une famille sur un seul salaire est difficile de nos jours.

Il ne dispose ni du temps ni de l'énergie pour placer sa relation conjugale en tête de ses priorités. Prendre en charge les besoins émotionnels de sa compagne, qui compte sur lui comme source principale de réconfort, lui semble très lourd.

Une autre tendance influe sur les relations de couple : l'adoption, par les femmes, d'une attitude masculine dans leur environnement professionnel. Une petite minorité de femmes ont réussi à gagner le respect de leurs collègues sans avoir à se comporter comme des hommes ; mais, la plupart du temps, le succès professionnel impose de grands sacrifices aux femmes. Sans espace suffisant pour cultiver leur côté féminin, elles souffrent de surmenage et éprouvent du ressentiment. Le réconfort, le bien-être, le soulagement et la détente qu'elles devraient ressentir à leur retour sont trop souvent éclipsés par l'angoisse, le sentiment d'urgence et l'épuisement.

À défaut de parvenir à gérer ce stress d'un nouveau genre et leurs besoins émotionnels, les femmes s'appuient à l'excès sur leur partenaire. En continuant à adopter inconsciemment des réactions modelées sur les rôles issus d'un lointain passé, les hommes et les femmes enveniment leur relation au lieu d'en profiter pleinement.

Les femmes souhaitent que les hommes deviennent féminins.

Le monde professionnel a apporté la preuve qu'une femme est capable d'accomplir n'importe quel travail jusqu'alors assumé par un homme. Les spécificités féminines, résidant notamment dans la façon d'aborder les défis, n'impliquent nullement l'incompétence de ces dernières. Une femme ne doit pas renoncer à sa nature propre pour se faire respecter au travail ou chez elle.

Être égaux ne signifie pas que nous sommes semblables. Pour accorder à chacun un respect équitable, il faut reconnaître que nous ne sommes pas identiques et tenir compte de ces distinctions naturelles. Le respect consiste à accepter une personne dans son identité propre et à apprécier son potentiel.

Être égaux ne signifie pas qu'hommes et femmes sont semblables ou devraient l'être.

Si les femmes n'ont pas à renoncer à leur personnalité pour gagner le respect dans leur milieu professionnel, la règle s'applique aussi pour les hommes dans la sphère privée. Étant donné les longues heures de travail passées par les femmes hors de chez elles, et les demandes accrues pesant sur leurs épaules, elles ont indéniablement besoin de plus de soutien. Mais cela ne doit pas impliquer que les hommes renoncent à leur nature. Dans nos rêves, les hommes retrouveraient chez eux une femme heureuse, ayant préparé un repas dans une maison aussi belle que celle d'un magazine de décoration, et cette femme serait tout aussi désireuse que lui de répondre à son désir sexuel. Bien que la plupart des femmes manquent de temps, d'énergie et de motivation pour vivre ce fantasme, elles nourrissent elles aussi leurs propres chimères irréalistes. Quand une femme arrive chez elle, elle espère secrètement y être accueillie par un mari aimant et attentionné à son égard.

Les femmes d'aujourd'hui sont tellement fatiguées et stressées qu'elles espèrent aussi trouver une « gentille épouse heureuse » pour les accueillir à la maison.

Cette tendance induit elle aussi des troubles relationnels. Certaines femmes souhaitent aujourd'hui que les hommes deviennent plus féminins. Elles veulent des hommes qui partagent équitablement les tâches ménagères et s'impliquent autant qu'elles pour la pérennité de leur histoire. Subvenir aux besoins matériels ne suffit plus. Quand elle occupe un emploi rémunéré, une femme estime qu'il est juste que son partenaire endosse les responsabilités qu'elle prendrait en charge si elle restait à la maison. Une femme accomplissant le travail traditionnellement imparti aux hommes attend de son conjoint qu'il assume le travail traditionnellement imparti aux femmes.

Cette nouvelle donne est plus néfaste qu'il n'y paraît : tandis que les femmes veulent voir les hommes évoluer, ceux-ci veulent que le rôle de leur partenaire ne change surtout pas. La plupart des hommes, à un degré plus ou moins élevé, espèrent que leur compagne se révélera une maîtresse de maison aussi qualifiée qu'était leur propre mère. Un homme aspire à se reposer, à son retour, auprès d'une femme aimante. Reproduisant le schéma de son père, il attend de sa femme qu'elle endosse le rôle assumé autrefois par sa mère.

Les attentes irréalistes mènent à des rôles masculins et féminins pratiquement impossibles à assumer.

Alors que les hommes s'accrochent à des attentes dépassées, les femmes inventent des scénarios inédits aussi peu réalistes. Les femmes recherchent un partenaire compréhensif, désireux d'évoquer les tourments de sa journée, partageant les responsabilités de la maison et les tâches ménagères. Il faudra en outre qu'il se montre attentionné et romantique, qu'il prévoie des sorties qu'ils savoureront ensemble après avoir réglé les nombreux imprévus et les urgences. En bref, elle veut une « épouse » avec laquelle partager le quotidien de la maison, doublée d'un mari présent et capable de prendre en charge et de réparer ce qui doit l'être. Ces attentes sont compréhensibles mais irréalistes.

Les hommes conservent des perspectives dépassées alors que les femmes ont de nouvelles exigences, tout aussi utopiques.

Une femme ressent naturellement le besoin de prendre soin de sa famille dans un foyer chaleureux et confortable, et cet instinct de nidification remonte génétiquement à l'aube des temps. Pourtant, la femme actuelle, contrairement à sa mère, contribue également à gagner de quoi subvenir aux besoins de son foyer.

Le retour à la maison après une journée de travail élève le niveau de stress féminin.

La plupart des hommes apprécient de retrouver un intérieur propre et rangé ; cependant, ils se reposent aussi bien installés devant la télévision ou attablés avec un journal, si leur logement ressemble à un champ de bataille. Dans l'ordre de priorité des hommes, le repos prime sur le rangement. Au terme de sa journée de travail, un homme éprouve du réconfort à la seule idée de rentrer chez lui. Pour une femme, c'est l'inverse. Toutes les cellules de son corps la rappellent à l'ordre : « Cette maison doit être rangée avant que je puisse me détendre. »

Aussi impérieux que puisse être son besoin de repos, elle ne parvient pas à se délasser. Son esprit est trop occupé par la multitude de tâches à accomplir dans la maison. La règle s'applique également aux femmes qui ne travaillent pas à l'extérieur. Une liste de choses à faire occupe en permanence l'esprit d'une femme. Choisir une activité plaisante est impossible tant qu'elle n'est pas venue à bout de cette liste, parce que ses pensées l'y ramènent constamment.

Le femme est la gérante du domicile, chargée de l'organisation de la famille et du choix de ce qui doit être accompli. Elle note ce qu'il faut faire et sollicite ensuite l'aide de son partenaire. La plupart des hommes accomplissent avec bonne volonté ce qui leur a été demandé, mais il est rare qu'un homme remarque de lui-même les tâches à effectuer. Parfois, les demandes sont tellement répétées avant qu'il accepte de s'y consacrer que le travail est accompli à contrecœur et de travers. La femme en conclut qu'il lui est plus facile de tout faire elle-même. Le manque de motivation de son partenaire à partager les corvées est une énigme pour une femme qui, à la longue, nourrit du ressentiment à son égard.

Une femme stressée ressent le besoin d'établir une interminable liste de tâches à accomplir.

Les femmes sont pourvues d'un don naturel pour l'amour, la famille et la relation. Lorsque les femmes, écrasées par la pression, renoncent à s'impliquer dans ces domaines, chacun y perd. Les femmes rappellent aux hommes ce qui importe dans la vie. Elles ont la sagesse du cœur et incitent leur conjoint à faire preuve d'une plus grande générosité. Les hommes se montrent compétents dans la vision à long terme, mais les femmes leur apportent les fondations de ce qui a du sens. Lorsqu'elles ne sont pas heureuses, personne ne l'est.

Lorsque les femmes abandonnent leur féminité, les hommes perdent leur raison d'être et renoncent à leur aspiration au bonheur.

Pour dépasser ce conflit latent, chacun doit percevoir la réalité de l'autre. Les hommes doivent prendre conscience du poids qui pèse sur les épaules féminines. Une femme se sent déjà suffisamment sous pression quant à l'entretien de sa maison et aux soins des enfants. Toute demande ou remarque adressée par son conjoint risque d'être la goutte d'eau qui fait déborder le vase. Et parallèlement, il incombe aux femmes d'accepter que le soutien matériel n'est pas toujours facile à apporter pour un homme.

COMMENT SOLLICITER L'AIDE D'UN HOMME

La plupart des hommes sont plus enclins à aider dans la maison lorsque leur partenaire contribue aussi aux finances de la famille. Dans les couples où les deux travaillent, la meilleure façon de demander de l'aide à un homme consiste à éviter de le critiquer. Ne vous attendez pas à ce qu'un homme identifie de lui-même ce qu'une femme pense qu'il faudrait faire, et en prenne l'initiative. Les tâches ménagères routinières sont rarement une priorité aux yeux d'un homme.

Il est plus efficace de solliciter la contribution d'un homme en la formulant en termes très précis. Les hommes apprécient grandement les projets, précisément établis, qui présentent un objectif à atteindre et une marche à suivre planifiée. L'homme peut évaluer l'ampleur du travail, l'angle d'attaque et le temps qu'il y consacrera. Les hommes sont habitués à se charger en priorité de ce qui importe le plus et à mettre le reste de côté. Lorsqu'ils se voient confier un projet, les hommes éprouvent le sentiment que leurs efforts ne passeront pas inaperçus et cela les motive. Voici quelques exemples de formulations pour demander de l'aide en termes précis plutôt que généraux.

En cas de fatigue, le soir, demander : « Tu veux bien préparer le repas ou aller chercher un plat à emporter ? ».

Après un repas : « Tu veux bien faire la vaisselle, ce soir ? J'ai besoin de prendre un bon bain relaxant. »

Ou, si la femme veut qu'il l'aide à la vaisselle, plutôt que d'attendre qu'il s'y mette spontanément : « Tu veux bien apporter les assiettes ? » ou « Tu veux bien laver les casseroles ? Cela me ferait vraiment plaisir ».

Dans chacun de ces exemples, la femme soumet une demande précise à son partenaire, avec un début et une fin. Même s'il est fatigué, un homme aidera volontiers sa femme si la demande est limitée et spécifique, plutôt que générale et routinière, et d'autant plus si le ton de sa voix exprime qu'elle sera vraiment heureuse lorsqu'il l'aura aidée. Quand il accomplit une corvée pour *aider* sa partenaire plutôt que parce qu'il y est *contraint*, l'homme se sent plus proche d'elle et se montre par la suite plus enclin à l'épauler. Sa bonne volonté à lui rendre des petits services lui procure le sentiment de bien s'occuper de sa famille, davantage encore que s'il se contentait de gagner de quoi la faire vivre. Il est même susceptible de commencer à aider davantage !

LES OBJECTIFS RÉALISTES APPORTENT PLUS D'AMOUR

La plupart des hommes ne sont pas *programmés* pour assumer le rôle du compagnon galant/fée du logis/partenaire loquace dont rêvent les femmes. Lorsque, effectivement, certains tentent de réaliser ce rêve, au bout du compte la déception pointe des deux côtés. L'homme peut s'y essayer pendant des années, puis se décourager. Certains hommes adoptent cette attitude au début d'une histoire, puis l'abandonnent par lassitude. Ainsi s'expliquent nombre de ruptures. Les hommes perdent tout intérêt pour la relation sans en percevoir la raison. Le désir a disparu, non parce que leur partenaire ne leur convient pas, mais parce qu'ils ont occulté leur nature masculine.

Un homme perd tout intérêt envers sa compagne quand il constate son incapacité à répondre à ses attentes irréalistes.

Parallèlement, la nature féminine ne leur permet pas de revêtir l'habit de la femme comblée/excellente maîtresse de maison qu'attendent les hommes. Il est utopique pour un homme d'espérer que sa partenaire parviendra à faire une merveille de leur maison sans appui de sa part, qu'elle se montre constamment de bonne humeur, autonome, et romantique. La plupart des femmes tendent vers cet idéal, mais se sentent trahies lorsque leur partenaire ne leur apporte pas l'amour qu'elles attendent en retour.

Une plus grande lucidité sur les besoins de l'autre contribue à faciliter les échanges au sein du couple.

Ces découvertes permettent en outre de mettre en lumière la véritable cause des déboires conjugaux : la montée du stress. Il est erroné de voir dans nos différences la cause des disputes. En réalité, la pression creuse le fossé entre deux personnes qui s'aiment. Lorsque le stress est éliminé de l'équation, les différences en elles-mêmes ne posent pas problème. En réduisant la tension qui mine la relation, on se rend compte qu'en réalité les particularités de chacun sont une source d'enrichissement.

**Lorsque le stress a disparu,
nos différences ne posent jamais problème.**

Il est utopique de rechercher l'appui de son conjoint pour réduire son niveau de stress. En renonçant à ces demandes irréalistes et en adoptant d'autres stratégies pour relâcher la pression, nous retrouvons la confiance et la considération indispensables pour renforcer notre relation.

La cause du problème ne réside pas dans la conduite de notre partenaire, mais dans notre incapacité à faire face au stress.

Un homme qui répond aux exigences irréalistes de sa compagne devient son « partenaire ménager », ce qui, après quelque temps, n'est pas compatible avec le romantisme. La passion déserte le couple.

Répondre aux exigences irréalistes d'une femme conduit un homme à l'épuisement.

Ce renversement des rôles met le romantisme en péril. L'attirance qu'une femme éprouvait à l'origine pour un homme disparaît quand il se montre plus féminin. Les femmes recherchent non des hommes plus sensibles mais des hommes plus à l'écoute de leurs propres besoins.

Au lieu de devenir plus sensibles, les hommes doivent devenir attentifs aux besoins des femmes.

Un homme sensible et émotif conduit sa partenaire à développer des sentiments plus maternels que sexuels à son égard. Son instinct maternel la poussera à prendre soin de lui. Bien qu'il s'agisse d'une forme d'amour, ce renversement du rôle protecteur est néfaste pour le lien amoureux. Au contraire, si une femme est attentive aux besoins de considération et de confiance qui constituent les bases de l'amour nécessaire à un homme, celui-ci voit décupler son attirance sexuelle pour elle.

La sensibilité féminine, conduisant la femme à apprécier les gestes d'un homme pour elle, est très séduisante aux yeux de ce dernier.

Chacun peut apporter à l'autre le soutien nécessaire pour soulager sa tension. Pourtant, la nature de cet appui diffère complètement. La stratégie féminine la plus infaillible est diamétralement opposée à celle qui fonctionne le mieux lorsqu'un homme veut aider sa femme. Ce dernier l'épaulera le plus efficacement en multipliant les gestes et les attentions à son égard, et en se montrant disponible et à l'écoute. Au contraire, une femme qui souhaite aider son compagnon à affronter son stress devra réduire les attentions qu'elle lui prodigue. L'aide la plus adéquate de sa part réside dans l'accueil qu'elle réservera aux initiatives qu'il prendra à son égard. Sentir qu'il parvient à rendre sa compagne heureuse est la meilleure motivation pour un homme. Donc, au lieu de chercher à l'épauler directement, une femme peut en faire moins et se contenter d'apprécier ce qu'il accomplit pour elle. Cette idée est tellement novatrice pour les femmes qu'il leur faut parfois un peu de temps pour l'accepter. Le stress d'un homme diminue quand il se sent capable d'aider efficacement sa femme.

En réduisant ses efforts envers lui, une femme soutient davantage son partenaire.

Aider un homme à la soutenir est une stratégie qui paraît bien étrange aux yeux de la plupart des femmes. Il leur est difficile de réaliser à quel point elles rejettent l'appui que souhaite leur apporter leur partenaire. Les occasions d'envoyer à celui-ci un message subliminal indiquant qu'il est incapable de la rendre heureuse sont multiples : quand elle se plaint, lui demande quelque chose, exprime son énervement, lorsqu'elle renonce à solliciter l'aide de son conjoint ou éprouve du ressentiment. Inconsciemment, elle augmente le niveau de stress de son partenaire et en arrive, finalement, à le décourager de l'aider.

En résumé, aider un homme à la soutenir implique pour une femme de demander de l'aide à son partenaire au lieu d'imaginer qu'il devinera tout seul ce qu'elle a à l'esprit. Cela signifie aussi qu'elle exprime sa reconnaissance en appréciant sincèrement ce qu'elle reçoit. Pour y parvenir, il faut une attitude authentique et non des gestes particuliers. Une réponse émotionnelle est plus efficace que toute autre attention qu'elle pourrait manifester en retour pour lui. Exprimer sa gratitude à un homme est la première façon de lui montrer qu'il a fait mouche. En revanche, en soulignant ce qu'elle ne reçoit pas, une femme lui adresse un message d'incompétence, susceptible de le blesser et de limiter ses initiatives à l'avenir.

La reconnaissance d'une femme aux gestes d'un homme compte bien plus que toute attention qu'elle pourrait lui manifester.

Ce principe tout simple apporte des résultats immédiats. Trouver les mots authentiques pour signifier à l'homme que ses efforts ont été appréciés n'implique pas l'idée dépassée que la femme doit se sacrifier pour éviter de lui demander davantage. Au contraire, il lui appartient de prendre en charge ses propres besoins, et d'apprendre en même temps à demander du soutien.

Lorsqu'elle est heureuse, l'homme estime qu'il a sa part de responsabilité dans son bonheur et en retire de la fierté. Dès lors, les occasions pour une femme de s'occuper de son bien-être contribuent à déstresser son partenaire. Lorsque les hommes prennent du temps pour eux, les femmes ont tendance à se sentir délaissées. Constater que la réciproque n'est pas vraie apporte un soulagement aux deux conjoints.

Pourquoi les femmes ont besoin des hommes

L'utilité du soutien d'un homme n'apparaît plus aux yeux des femmes actuelles avec autant d'évidence qu'à ceux de leurs aînées. De nos jours, les femmes sont ambivalentes quant au rôle que les hommes doivent jouer dans leur vie. Certaines espèrent les voir développer leur féminité, nous l'avons vu, tandis que d'autres les rejettent en bloc, décidant qu'elles peuvent se passer entièrement de leur appui. Aucune de ces approches ne les rend heureuses. Plus indépendantes et autonomes, les femmes modernes veulent un homme qui partage leur vie mais rechignent à reconnaître le réel besoin qu'elles ressentent de lui, le jugeant humiliant.

Pourtant, les hommes sont davantage attirés par les femmes qui apprécient ce qu'ils peuvent leur apporter. Les femmes atteignant une grande réussite professionnelle finissent souvent seules, parce qu'elles n'ont pas conscience de la raison qui les conduit à ressentir le besoin d'un homme.

Vous ne pouvez apprécier ce que vous recevez que lorsque vous en ressentez réellement le besoin.

Ressentir le besoin d'un homme ne signifie pas renoncer à sa liberté de femme indépendante. Il est possible de marquer son indépendance dans certains domaines et de reconnaître la nécessité du soutien d'un homme à d'autres égards. Certaines femmes ont vu leur mère nier ses aspirations et se soumettre à son mari pour le contenter. Elles se sont promis de ne jamais accepter une telle situation. En cherchant leur complète indépendance, elles en arrivent aussi, paradoxalement, à nier leurs besoins, et à suivre ainsi les traces de leur mère. Pour éviter de tomber dans la soumission, elles occultent leurs désirs.

Les exigences professionnelles coupent d'autres femmes de leurs émotions et de l'idée d'une vie en couple. Pour parvenir à la réussite professionnelle, elles doivent exprimer leur côté le plus indépendant ; elles éprouvent donc de la difficulté à renouer avec leur identité féminine, et à accepter l'idée de laisser un homme les épauler.

Ce genre de femmes se sent plus en sécurité en fréquentant des hommes sensibles, imaginant que leur propre facette féminine émergera plus aisément au côté de tels hommes. Malheureusement, fréquenter un homme plus proche de ses émotions ne les conduit pas à retrouver leur identité féminine, parce que les conversations avec lui risquent de concerner davantage les émotions de leur partenaire que les leurs. Un homme dépendant n'est pas très attirant aux yeux d'une femme, car il centre l'attention sur sa personne. Alors qu'elle recherche un homme plus vulnérable et féminin, le réel besoin d'une telle femme est de réinvestir son propre versant féminin et sensible. Pour y parvenir, elle doit se sentir pleinement écoutée, ce que tout homme est capable de lui apporter.

UN HOMME DÉPENDANT EST TRÈS PEU ATTIRANT AUX YEUX D'UNE FEMME

Il est ardu de fixer les attentes qu'une relation est susceptible de combler. L'époque où les attributions d'un homme se limitaient à garantir survie et sécurité est révolue. Alors, de quoi les femmes modernes ont-elles besoin ? Quand je leur pose la question, les jeunes célibataires sont prises au dépourvu. Elles commencent par refuser d'admettre avoir besoin d'un homme. Elles veulent partager leur vie avec quelqu'un, mais réfutent toute dépendance à son endroit. La nécessité de fréquenter un homme conduit ces femmes à se sentir faibles plutôt que simplement féminines.

Il leur appartient à présent de réévaluer le pouvoir et la force de la féminité. Les femmes ne doivent pas devenir semblables à des hommes pour atteindre leurs buts ; de même, se comporter comme une femme n'est pas une obligation pour les hommes désireux de se montrer attentionnés et aimants à l'égard de l'élue de leur cœur.

De nombreuses femmes qui réussissent leur vie professionnelle répugnent à l'idée d'avoir besoin d'un homme.

La nécessité d'un compagnon n'est pas signe de faiblesse. Hommes et femmes sont interdépendants et complémentaires. Un homme veut se sentir utile, alors que la femme s'épanouira en se voyant comblée par son compagnon. Il s'agit d'une distinction cruciale. Nous avons besoin les uns des autres, mais de façon différente.

Les hommes ont besoin de se sentir utiles, alors que les femmes ont besoin d'être aimées

Sentir qu'il comble sa compagne allège l'esprit d'un homme et constitue sa raison de vivre. Avoir conscience qu'elle n'est pas seule et qu'elle peut compter sur un être cher réconforte une femme.

Les femmes d'affaires indépendantes me questionnent souvent sur les raisons qui expliquent la fatigue de leur conjoint. Ce que nous venons de voir illustre bien la question. Une femme non consciente de son désir que son mari la soutienne ne lui donne pas en retour la reconnaissance qui le motive. Il n'éprouve plus que lassitude en sa présence.

Actuellement, de nombreuses femmes subissent une pression telle qu'elles sont incapables d'identifier ce qui leur fait défaut. Sous l'effet du stress, les femmes tendent à s'occuper des manques des autres plutôt que de leurs propres besoins. Il incombe à ces femmes fortes et indépendantes de découvrir qu'elles aspirent aussi à voir leur vie comblée, et qu'elles éprouvent notamment...

- Le besoin d'une relation romantique.
- Le besoin qu'on leur soit fidèle.
- Le besoin de contacts ; une femme n'aime guère rentrer le soir dans une grande maison vide ou un appartement silencieux.
- Le besoin de sécurité financière, quelqu'un sur qui s'appuyer en cas de coup dur.
- Le besoin de protection : une femme se sent plus en sécurité si elle partage son quotidien avec une autre personne.
- Le besoin de quelqu'un avec qui s'amuser.
- Le besoin de quelqu'un qui veille à son bien-être.
- Le besoin de quelqu'un à qui elle manque quand elle est partie.

- Le besoin de quelqu'un avec qui fonder une famille.
- Le besoin de quelqu'un qui assumera sa part de responsabilité dans l'entretien de son logement.
- Le besoin d'un partenaire qui puisse se charger de réparer ce qui doit l'être.
- Le besoin de quelqu'un qui la soutienne pour qu'elle ressente un réel bien-être.

La nécessité pour une femme d'une compagnie masculine est en réalité plus forte que jamais. Mais la forme de cette dépendance a pris un nouvel aspect. Les hommes sont capables d'apporter à leur compagne le soutien particulier lui permettant d'affronter les difficultés du monde moderne, mais la plupart des femmes ne savent pas l'apprécier à sa juste valeur quand elles le reçoivent. La connaissance de ce qui la comblera réellement aide une femme à apprécier ce qu'elle reçoit et à moins se focaliser sur ce qui lui fait défaut. Elle lui offre une vision plus réaliste que celle du prince charmant exauçant par magie ses souhaits les plus secrets. L'amour durable réside dans le respect de l'autre avec ses qualités et ses défauts et dans la connaissance de ses propres besoins.

Je me souviens du jour où ce constat m'est apparu clairement, après six ans de mariage avec ma femme Bonnie. Nous venions de faire l'amour ; c'était un moment particulièrement parfait, et j'ai remarqué : « C'est aussi bon qu'au tout début. »

Sa réponse m'a interpellé. Pour elle, notre étreinte était bien meilleure que celles du commencement de notre histoire : « Nous ne nous connaissions alors pas très bien. Maintenant, tu as vu de moi le meilleur comme le pire, et tu m'aimes toujours autant. C'est cela le véritable amour. »

L'amour n'est pas un fantasme de perfection qui comblerait l'ensemble de nos souhaits, mais au contraire une existence passée ensemble, en s'efforçant d'apporter à l'autre ce qu'il est possible de lui offrir. Pardonner les erreurs de notre partenaire et accepter ses limites se révèle aussi gratifiant qu'apprécier ses cadeaux et réussites.

Le véritable amour n'exige pas la perfection mais grandit grâce à l'imperfection.

Les relations d'amour véritable se tissent sur une vie bien pleine. Les changements sociaux, annonciateurs de davantage de liberté, ont aussi créé un nouveau besoin d'harmonie conjugale. Dans les pages qui suivent, nous étudierons des idées novatrices pour évoluer ensemble vers plus de bien-être, d'amour et de gratification mutuelle.

CHAPITRE 2

Programmés pour être différents

Le préalable pour respecter l'autre dans sa spécificité, c'est de percevoir les différences de structure entre les cerveaux masculin et féminin. Bien que certaines de nos distinctions s'enracinent dans le conditionnement éducatif ou social, nous allons à présent étudier les bases biologiques non identiques.

Mettre en évidence ces particularités structurelles entre les cerveaux de chacun aide à mieux accepter que son partenaire fonctionne selon sa nature spécifique. Ces caractéristiques biologiques illustrent en outre qu'hommes et femmes sont faits l'un pour l'autre, car ils se complètent parfaitement.

L'ignorance de ces spécificités propres à chaque sexe entache le quotidien d'un couple. Voici ce que chacun ressent lorsque qu'il interprète de façon erronée la conduite de l'autre.

Elle dit	**Il dit**
Il est tellement égocentrique. Il ne s'intéresse ni à ma vie, ni à mes sentiments.	Auparavant, elle appréciait ma conduite ; progressivement, elle en est arrivée à vouloir que je change.

Il est devenu tellement froid et distant. Je ne me sens plus en sécurité pour m'ouvrir avec lui.	Elle est trop dépendante. Tout tourne autour d'elle.
Avant, je passais en premier, mais depuis qu'il m'a conquise, le travail occupe la première place.	Avec le temps, les enfants sont devenus plus importants que moi.
Il a peur de la proximité. Chaque fois que nous nous rapprochons, il s'éloigne au pas de course.	Avant, elle était heureuse quand je m'approchais d'elle. Maintenant, j'ai le sentiment de devoir remplir un formulaire avant de pouvoir lui faire l'amour.
Tout avait bien commencé, et puis il a changé.	Elle est devenue un véritable sergent-major, repassant constamment derrière moi pour m'expliquer en quoi j'ai mal fait.

Si vous avez lu mes précédents ouvrages, vous savez que ces reproches, quoique légitimes, prennent leur racine dans l'ignorance des différences masculines et féminines fondamentales.

Si ces reproches vous sont déjà venus aux lèvres ou à l'esprit, si votre partenaire vous les a déjà adressés, ce peut être le signe que la méconnaissance de ces différences naturelles est le point de départ de nombreux accrochages. Chaque fois que vous ne parvenez pas à respecter la façon dont votre partenaire gère son stress, vous faites ressortir le pire de son caractère. Si vous êtes célibataire, ces informations vous aideront à identifier ce qui, dans votre attitude, a pu faire fuir un partenaire potentiel ou l'analyser selon une autre grille, et voir en quoi elle a pu être mal perçue lors de relations antérieures.

Les personnes heureuses en amour témoignent souvent qu'elles ont renoncé à changer leur conjoint. Pourtant, accepter la spécificité de l'autre ne signifie pas qu'on accepte d'être traité de manière désagréable. Nous verrons au chapitre 8 que les habitudes déplaisantes ne sont pas liées aux distinctions entre hommes et femmes. C'est même le contraire, puisque l'amour et l'acceptation sont les fondements de l'harmonie, permettant ainsi à chacun des partenaires de recevoir ce dont il a le plus besoin.

Des manières radicalement différentes de réagir au stress

Les réactions face à la pression divergent grandement sur Mars et sur Vénus. Les hommes tendent à se dégager et à oublier leurs problèmes, alors que les femmes ressentent le besoin urgent de se rapprocher d'autres personnes, de poser des questions, et de partager leurs préoccupations. Si on ne la prend pas en compte, cette distinction simple peut se révéler extrêmement destructrice dans une relation.

Quand un homme a besoin de passer du temps seul ou n'a pas envie d'évoquer sa journée, cela ne signifie pas qu'il éprouve de la défiance pour sa partenaire. Lorsqu'une femme souhaite détailler sa journée, cela ne signifie pas qu'elle est maladivement dépendante ou qu'elle souhaite attirer constamment l'attention sur elle. L'attitude distante d'un homme n'est pas synonyme de froideur et de désintérêt pour sa vie privée, et les besoins émotionnels d'une femme n'impliquent pas un manque de considération envers les efforts prodigués par son partenaire.

Si un homme oublie ce dont sa femme a besoin ou si une femme ressasse les erreurs de son partenaire, cela ne signifie pas qu'il n'y a plus d'amour entre eux.

Comprendre les raisons biologiques qui régissent notre façon de percevoir le monde et ce qui nous entoure, dont le comportement de notre partenaire, conduit à rendre plus réalistes les attentes que nous nourrissons envers celui-ci ou celle-ci.

LES COMPÉTENCES SONT DIFFÉRENTES SUR MARS ET SUR VÉNUS

Longtemps méconnues, les caractéristiques liées au sexe n'ont été que récemment avérées par la communauté scientifique.

Edward Wilson, sociobiologiste réputé de l'université Harvard, a pris en charge des études d'observations systématiques sur les tendances liées au sexe. Il a découvert que les femmes étaient plus intuitives, davantage concernées que les hommes par la recherche de sécurité, et qu'elles avaient mieux développé leurs compétences verbales et sociales. Par comparaison, il ressortait que les hommes tendaient à se montrer plus indépendants, dominants, à aller de l'avant, et qu'ils avaient davantage développé leurs compétences spatiales et mathématiques.

Concrètement, cela signifie que des malentendus qui pourraient être très simples à éviter tournent en disputes fatigantes, par pure méconnaissance de la nature distincte de l'autre. Par exemple, lors d'une discussion évoquant les choix d'investissement de l'argent du ménage, il est statistiquement reconnu que l'homme se montre ouvert au risque, alors que la femme recherche davantage la sécurité. Bien sûr, l'éducation influe sur nos réactions, mais les distinctions biologiques sont cependant incontestablement établies. L'homme qui a perçu cette particularité interprétera avec plus de justesse les questions de sa partenaire, et n'imaginera pas qu'elle lui retire sa confiance.

Parallèlement, lorsque son partenaire agit de façon impulsive et cherche à trouver une solution immédiate, la femme identifie les traits de caractère liés à sa nature masculine qui l'incitent à agir de la sorte et évite d'en déduire qu'il fait fi de ses propres sentiments ou nécessités.

Les études montrent de vraies divergences entre la façon dont les hommes et les femmes évaluent le temps, la vitesse, calculent, s'orientent dans l'espace, et perçoivent les objets en trois dimensions. Les hommes se révèlent très compétents dans ces domaines. Les femmes disposent en général de compétences plus développées dans d'autres domaines : la psychologie, les émotions, les expressions corporelles et la richesse du langage ; elles excellent aussi dans la prévision et l'organisation d'événements planifiés.

Cette dernière particularité, une fois identifiée, aide une femme à ne pas éprouver de ressentiment envers son partenaire, lorsque celui-ci improvise une sortie romantique à la dernière minute.

Le cerveau féminin est programmé pour anticiper les émotions et les besoins des autres. Les hommes, en revanche, identifient plus aisément leurs propres besoins ou au moins leur désir d'atteindre un objectif particulier. Nos ancêtres masculins ont consacré, pendant des milliers d'années, l'essentiel de leur temps à la chasse, et la compétence à identifier leurs besoins était cruciale pour se protéger dans un environnement hostile. À l'intérieur de la caverne, les femmes veillaient les unes sur les autres, en s'appuyant sur la solidarité en cas de besoin.

Lorsque vous rédigez votre testament, il vous est proposé de faire un don d'organes après votre décès. Il est édifiant de constater que neuf femmes sur dix l'acceptent, alors que neuf hommes sur dix le refusent. Les femmes sont par nature généreuses, même après leur mort. La plus grande difficulté pour une femme qui cherche à mieux gérer ses tracas est d'apprendre à s'occuper d'elle-même autant qu'elle prend soin des autres.

Le plus grand défi pour une femme est de s'occuper d'elle-même autant qu'elle prend soin des autres.

NOS CERVEAUX SE SONT DÉVELOPPÉS SELON DES MODÈLES DIFFÉRENTS

Il est possible que nos cerveaux se soient structurés de la sorte parce que les hommes et les femmes des cavernes assumaient des rôles bien définis pour assurer leur survie. Nos ancêtres masculins chassaient et devaient parcourir de longues distances lorsqu'ils poursuivaient un gibier. De bonnes aptitudes à se repérer dans l'espace les conduisaient à devenir meilleurs chasseurs et leur permettaient de rapporter une quantité plus importante de nourriture aux leurs. Un homme ne pouvait compter que sur lui-même pour retrouver sa maison. À cette époque, il ne lui était pas possible de demander son chemin.

Nos ancêtres féminines ramassaient de la nourriture aux alentours de la caverne et se chargeaient des enfants. Elles nouaient des liens affectifs puissants avec leur progéniture et avec les autres femmes, sur qui elles comptaient en l'absence des hommes. Les femmes devaient scruter leur environnement immédiat pour y débusquer des noix et des baies, afin de subsister. Peut-être est-ce pour cette raison que les femmes d'aujourd'hui sont si performantes pour trouver les objets dans la maison et dans le réfrigérateur, alors que leur partenaire semble incapable de les voir.

Les spécialistes de l'époque préhistorique ont émis l'hypothèse que les compétences verbales des femmes présentent un lien avec leur taille physique. Les hommes, capables, grâce à leur force musculaire, de se battre entre eux, ont moins développé que les femmes le recours à la parole pour régler leurs conflits. Les femmes ont aussi fait usage de la parole parce qu'elles en avaient la possibilité. En situation de danger, l'homme avait intérêt, en revanche, à ne pas émettre le moindre son pendant un certain laps de temps. De nos jours encore, un homme surmené a tendance à se taire. C'est ainsi qu'on peut expliquer le besoin des hommes d'aujourd'hui de se réfugier dans leur grotte personnelle pour décompresser, alors que les femmes ressentent au contraire le besoin de parler pour évacuer leur tension. En exposant ses tracas à d'autres personnes, la femme cherche à recevoir du soutien. Si elle avait gardé ses soucis pour elle, les autres n'auraient pu savoir qu'elle ressentait la nécessité d'être épaulée.

Les cerveaux masculin et féminin se sont développés chacun selon sa voie, afin d'assurer la survie de l'espèce. Ces adaptations se sont mises en place sur des milliers d'années. Il est utopique d'imaginer que nos cerveaux vont soudainement s'adapter aux changements considérables des rôles féminin et masculin intervenus lors des cinquante dernières années. Ces bouleversements sont l'essence même du stress amenant Mars et Vénus à se disputer. Si l'on souhaite partager un quotidien harmonieux et non se contenter de survivre l'un à côté de l'autre, il faut mettre à jour ses compétences relationnelles de telle façon qu'elles reflètent les spécificités naturelles liées à chaque sexe.

Les découvertes émanant de la recherche neuroscientifique ont permis aux experts scientifiques de mettre en évidence des différences anatomiques et neuropsychologiques entre les hommes et les femmes, différences qui peuvent expliquer nos comportements distincts.

SÉQUENTIEL SUR MARS ET MULTITÂCHE SUR VÉNUS

Le cerveau féminin présente un corps calleux plus important que le cerveau masculin. C'est le corps calleux, centre nerveux, qui relie les hémisphères gauche et droit. Ce lien, à l'origine de la communication entre les deux parties du cerveau, est d'un quart plus étroit chez les hommes. Cela signifie concrètement que les hommes n'ont pas la capacité de relier les émotions et les réflexions aussi rapidement que les femmes. On peut imaginer une autoroute à huit voies pour illustrer le corps calleux féminin, liant entre elles les émotions et le langage, alors que les hommes sont équipés d'une route de campagne ponctuée de nombreux panneaux « stop ». Certains chercheurs attribuent à cette intégration des deux parties du cerveau l'existence de l'intuition féminine, parce qu'elle implique que la femme utilise son cerveau complet.

La connexion plus importante entre les parties de son cerveau augmente la capacité d'une femme à fonctionner selon le mode multitâche. Lorsqu'elle écoute, son cerveau s'attelle aussi à réfléchir, se souvenir, ressentir et prévoir, le tout simultanément.

Le cerveau masculin est séquentiel,
alors que le cerveau féminin est multitâche.

Le cerveau masculin est davantage spécialisé, c'est-à-dire que l'homme n'utilise en général qu'une partie spécifique d'un des deux hémisphères pour accomplir une tâche. Le fonctionnement du cerveau féminin est plus diffus, et la femme utilise les deux hémisphères. Cette distinction neurologique permet aux hommes de se concentrer sur un seul objet à la fois pendant un temps assez long. En revanche, les femmes perçoivent toutes les situations sous un angle plus large.

Un homme, se focalisant sur un seul objet, peut occulter complètement l'existence de sa partenaire et de ses demandes, alors qu'une préoccupation professionnelle lui monopolise l'esprit. Il se concentre sur la promotion qu'il brigue, mais oublie de rapporter du lait à sa femme. Le cerveau masculin est structuré pour agir de façon séquentielle. Son cerveau obéissant à d'autres règles, la femme attribuera logiquement les oublis masculins à l'égoïsme.

Forte de cette nouvelle découverte, une femme cesse de s'offusquer si son partenaire semble irrité quand elle l'interrompt dans son travail. Pour une femme, il est très facile de cesser son occupation et d'accorder son attention à la personne venue la solliciter, mais pour les hommes c'est bien plus compliqué. S'il paraît contrarié, la femme pourra se souvenir que changer l'objet de son attention demande beaucoup d'énergie à un homme, et ne pas en déduire qu'il éprouve de la colère envers elle.

Ce même processus explique que les femmes s'irritent lorsqu'un homme tente de résumer leurs propos. Il arrive souvent à l'homme d'interrompre la femme et de lui demander : « Au fond, c'est quoi le vrai problème ? » ou « Qu'est-ce que tu veux que je fasse exactement ? », alors que leur unique dessein est de s'exprimer.

Et très souvent, lorsqu'un homme répond « Je comprends », une femme en conclut qu'il tente de mettre un terme à son discours, puisqu'il a compris. Comme elle-même n'a pas encore clairement identifié tous les tenants et aboutissants de ses préoccupations, elle sait qu'il ne peut pas l'avoir comprise. Elle est en train de s'exprimer, et elle a besoin, pour y parvenir, de faire le tour de la question. En prenant le temps de l'écouter en détail, un homme aide une femme à analyser son vécu sous un nouvel angle, et à évacuer son stress.

Il en va de même lorsqu'une femme évite autant que possible d'interrompre un homme concentré sur une tâche. Elle l'aide alors à évacuer sa pression. Laisser un homme dans sa solitude et ne lui prêter aucune attention est souvent la meilleure façon de l'aider à décompresser. Établir le lien entre ces tendances et les différences structurelles des cerveaux masculins et féminins permet de prendre du recul lorsque l'autre n'agit pas comme on le ferait et de mieux l'aider à recouvrer sa sérénité.

Laisser un homme seul et ne pas lui prêter attention est souvent la meilleure façon de le soutenir.

Les hommes séparent les émotions, les informations et les perceptions dans différents compartiments de leur cerveau, alors que les femmes tendent à faire le lien entre leurs expériences, en utilisant toutes les parties de leur cerveau. C'est l'une des raisons pour lesquelles une femme se sentira vite débordée lorsqu'elle a plusieurs tâches à accomplir et qu'elle se sent sous pression. Une femme se tourne vers les autres quand elle est dépassée, alors qu'un homme aura tendance à sérier les problèmes pour en déterminer le plus urgent et le plus important.

Une femme va vers autrui pour apaiser son stress, alors qu'un homme préfère faire le tri dans sa tête pour se concentrer sur la tâche la plus importante.

Les différences structurelles entre les cerveaux de chaque sexe ont d'autres répercussions importantes sur les comportements des unes et des autres. Un homme peut plus facilement oublier les soucis sérieux de son cerveau gauche et permettre à son cerveau droit de se détendre et de récupérer d'une journée difficile. Il déplace l'attention de son cerveau gauche, logique, concret, axé sur la réalité, vers son cerveau droit, spontané, visionnaire, axé sur ses rêves. En opérant ce changement, il se déconnecte automatiquement des tourments liés à ses responsabilités. C'est ainsi que, tous les soirs, l'homme oublie aisément ses contrariétés.

Une femme ne jouit pas de ce luxe, car les tissus qui connectent les deux hémisphères de son cerveau ne lui permettent pas de faire l'impasse aussi facilement sur ses tracas. Même quand elle tente d'utiliser son cerveau droit pour décompresser et s'amuser, elle reste connectée à son cerveau gauche analytique et rationnel.

Concrètement, cette distinction, identifiée, est susceptible d'amener les hommes à cesser de recourir à des conseils futiles comme « N'y pense plus » ou « Ne t'inquiète pas ». Il est difficile à une femme de ne plus y penser comme pourrait le faire un homme, mais, au contraire d'un homme, elle est capable d'en parler. Sur Mars, lorsqu'un homme ne parvient pas à résoudre un problème, il l'oublie jusqu'à ce qu'il trouve une solution. À défaut de réussir à oublier les sources de ses contrariétés, une femme se dit : « Au moins, nous pouvons en parler. »

Discuter avec quelqu'un qui s'intéresse à son bien-être lui permet de stimuler les neurotransmetteurs dont son cerveau a besoin pour évacuer la pression. En pensant à ses problèmes, une femme se libère de l'emprise qu'ils exercent sur son humeur.

MATIÈRE BLANCHE ET MATIÈRE GRISE

Les cerveaux masculin et féminin présentent une composition distincte qui leur permet cependant d'atteindre le même niveau d'intelligence. Les hommes disposent en moyenne de 6,5 fois plus de matière grise que les femmes. Les femmes sont dotées de presque 10 fois plus de matière blanche que les hommes. Les centres de gestion de l'information sont localisés dans la matière grise. Les réseaux de connexion situés dans ces centres de gestion de l'information sont composés de matière blanche. Les distinctions entre cerveaux masculin et féminin peuvent expliquer pourquoi les hommes excellent dans ce qui est localisé dans les centres de gestion de matière grise – comme les mathématiques –, alors que les femmes excellent dans ce qui requiert d'intégrer et d'assimiler les informations émanant de ces régions, notamment ce qui implique l'usage de la parole, grâce à leur abondance de matière blanche, qui fait office de lien.

Ces différences physiologiques de nos cerveaux impliquent des façons distinctes de communiquer. Le cerveau d'une femme s'active en permanence à tout connecter ensemble. Quand elle s'intéresse à quelque chose, elle le rapproche des autres sujets qui occupent son esprit.

Par exemple, lorsqu'une femme regarde un film, de nombreux commentaires à partager se présentent à son esprit, alors qu'un homme peut n'avoir rien à dire du film sauf s'il l'a particulièrement frappé. Elle imaginera qu'il est réticent, pour une raison obscure, à parler du film, alors qu'il ne voit simplement pas ce qu'il pourrait en dire. Dès qu'une femme a abandonné l'idée que son compagnon devrait parler davantage, elle peut apprécier les rares fois où il sera enclin à bavarder et remarquera même qu'il en arrivera à accroître ses échanges.

**Lorsque l'homme a peu à partager,
la femme le prend souvent comme une insulte,
imaginant qu'il ne veut pas lui parler.**

La même idée peut s'appliquer lorsqu'une femme interroge son partenaire sur sa journée ou sur la façon dont s'est déroulé un voyage. Ses réponses succinctes ne signifient nullement qu'il cache volontairement les événements survenus, mais simplement qu'il n'y a pas vraiment réfléchi, donc qu'il ne se souvient pas de grand-chose. Il en va tout autrement pour les femmes qui ont hâte de partager leur quotidien, car la communication aide leur cerveau à se détendre – ce qui n'est pas le cas du cerveau masculin.

POURQUOI LA PAROLE REVÊT UNE TELLE IMPORTANCE SUR VÉNUS

Deux parties des lobes frontaux et temporaux, appelées *aire de Broca* et *aire de Wernicke*, sont associées à la parole. Ces régions sont plus vastes dans le cerveau des femmes : cela explique pourquoi ces dernières sont tellement férues de paroles. Les recherches ont mis en évidence six ou sept centres de la parole dans les deux hémisphères du cerveau féminin, alors que pour les hommes la parole n'est localisée que dans l'hémisphère gauche. Puisque les hommes disposent de moins de centres de la parole, non seulement il leur est plus difficile d'exprimer leur expérience, mais ils n'en ressentent pas le besoin.

Les centres masculins du langage sont particulièrement activés lorsque l'homme s'applique à résoudre un problème. On peut remarquer qu'un homme se montre plus bavard au début d'une histoire amoureuse, parce qu'en se présentant, il « traite un problème ». Il a pour objectif de s'assurer que la femme le connaisse et qu'elle sache les sentiments qu'il lui porte. Une fois cette question réglée, ses centres de parole sont aisément désactivés. Les centres d'écoute d'un homme sont également plus dynamiques lorsqu'il gère un problème.

Le cerveau féminin est physiologiquement construit pour permettre à la femme de communiquer et d'exprimer ses sentiments. On peut remarquer que, comparé à celui d'un homme, le cerveau d'une femme est bien plus énergique, constamment en train d'adapter les réactions aux perceptions des événements qu'elle vit. De nombreuses parties du cerveau sont complètement utilisées lorsqu'elle converse. Les hommes éprouvent davantage de difficulté à relier leurs émotions et leurs pensées et à exprimer ce qu'ils ressentent. Cette différence est une source de frictions dans le couple. Comprendre qu'un homme n'a pas l'intention de cacher quoi que ce soit lorsqu'il est silencieux peut libérer sa partenaire de son besoin de l'inciter à s'exprimer, et notamment de lui demander de raconter en détail la journée qui vient de s'écouler.

LES MATHÉMATIQUES ET LES SENTIMENTS

Le lobe pariétal inférieur existe des deux côtés du cortex ; il est localisé juste au-dessus du niveau des oreilles. La taille du lobe pariétal inférieur est liée aux compétences en mathématiques. On a découvert que le cerveau d'Albert Einstein, de même que celui d'autres physiciens et mathématiciens, présentait un lobe pariétal inférieur gauche surdéveloppé. Le lobe pariétal inférieur gauche, plus étendu chez les hommes, contribue à la perception du temps et de la vitesse ainsi qu'à la faculté de percevoir en trois dimensions. Ces aptitudes participent à l'engouement des Martiens pour les jeux vidéo. Plus de 90 % des utilisateurs de jeux vidéo viennent de Mars.

Cette caractéristique physiologique explique aussi pourquoi les hommes semblent toujours presser les femmes d'en venir au fait quand elles parlent ou qu'elles réfléchissent à une solution. Un homme pourra percevoir le temps exact que passe la femme à parler. Tout en l'écoutant, il travaille dur à identifier les actes susceptibles de résoudre le problème de sa partenaire le plus rapidement possible. Ce n'est pas le signe qu'il ne se passionne pas pour ce qu'elle exprime, mais au contraire qu'il s'y intéresse beaucoup. Il veut l'aider mais ne comprend pas qu'une aide plus efficace consisterait à lui poser davantage de questions au lieu de se précipiter pour lui proposer une solution.

Lorsque les femmes s'expriment, les hommes sont conscients du temps qu'elles prennent pour parler et ressentent l'urgence de les aider à trouver une solution à leur problème.

Chez les femmes, c'est le côté droit des lobes pariétaux inférieurs qui est le plus large. La partie gauche du cerveau commande la réflexion linéaire, raisonnable et rationnelle, alors que la partie droite est davantage concernée par l'émotionnel, l'intuitif et le sensitif. Les hommes sont naturellement enclins à résoudre les problèmes, alors que les femmes montrent une propension tout aussi naturelle à comprendre la dynamique des problèmes ainsi que les tenants et aboutissants et leurs divers aspects.

Les femmes éprouvent elles aussi de la frustration lorsqu'une personne prend trop de temps avant d'en arriver au fait. Si vous multipliez cette irritation par dix, vous comprendrez ce que ressent un homme moyen, face à sa femme qui énumère tout ce qui la contrarie à ce moment. Cela ne signifie pas qu'elle ne devrait pas évoquer ses sentiments, mais cela implique qu'elle le fasse d'une manière qui conviendra à son compagnon. Nous reviendrons sur ce point plus loin (chapitre 9).

Les lobes pariétaux inférieurs permettent aussi au cerveau de traiter les informations liées aux sensations, et notamment dans le domaine de l'attention sélective, par exemple la capacité des femmes à entendre les pleurs d'un bébé pendant la nuit. Les études ont montré que les lobes pariétaux inférieurs droits, dominants chez les femmes, sont liés à la mémoire et aux relations. Ces lobes pariétaux droits régissent aussi nos sentiments, qui occupent une place prépondérante sur Vénus.

Alors que les hommes sont particulièrement doués pour suivre un ballon sur un terrain de football même de loin, les femmes le sont particulièrement pour remarquer les subtilités des sentiments des autres comme des leurs. Il leur est pourtant difficile d'interpréter correctement les sentiments masculins. Par exemple, il paraît frustré et elle conclut qu'il ne s'intéresse pas à ses propos. En réalité, il est seulement occupé à orienter son cerveau pour se concentrer sur ses tourments et trouver comment l'aider. Elle a correctement identifié sa frustration, mais l'interprétation de la cause en est erronée. Ce n'est pas tant l'existence d'un problème qui le contrarie, que son incapacité à pouvoir le résoudre immédiatement.

NOS CERVEAUX NE RÉAGISSENT PAS IDENTIQUEMENT FACE AU DANGER

L'amygdale, une structure en forme d'amande qui existe des deux côtés du cerveau juste en dessous de la partie médiane du lobe temporal, détermine sa réaction au danger et présente un fonctionnement spécifique à chaque sexe. La partie droite est plus active chez les hommes avec davantage de connexions vers d'autres parties du cerveau, mais c'est la partie gauche qui réagit le plus chez les femmes. Dans le cerveau d'un homme, il y a davantage de connexions reliant l'amygdale au cortex visuel : cela signifie que les hommes réagissent davantage que les femmes aux stimuli visuels.

Cela explique la forte propension masculine à fixer les autres femmes. Le cerveau masculin est simplement structuré pour les conduire sur cette voie. Lorsqu'un homme rencontre un défi – et la vue d'une femme constitue par essence un défi pour un homme –, son cortex visuel s'active. Son besoin instinctif de regarder les autres femmes ne signifie pas qu'il n'aime pas sa partenaire ; c'est une simple manifestation de l'activité de son cerveau. Cette explication n'excuse pas certains comportements exagérés dans ce domaine. Lorsqu'un homme fixe une autre femme, il lui appartient aussi de manifester du respect envers sa partenaire : limiter la durée de ses regards et lui montrer, à elle, davantage d'attention par la suite. Si je fixe une autre femme avec un peu trop d'insistance, mon épouse me donne gentiment un petit coup de coude. Une fois, elle m'a même dit en souriant : « Tu as le droit de regarder, mais pas de saliver ! ».

REGARDER LES FEMMES EST UN INSTINCT CHEZ LES HOMMES

Cette remarque bienveillante envoie le bon message à un homme. Elle est respectueuse, tout en soulignant qu'il est gênant pour une femme de voir son mari regarder les autres femmes trop fixement. D'un côté, la femme affirme son besoin ; d'un autre côté, elle ne critique pas son partenaire, reconnaissant la nature instinctive de cette tendance. Et les regards qu'il adresse aux autres femmes n'impliquent nullement un manque de désir ou d'amour envers sa femme.

En outre, l'amygdale du cerveau d'un homme est directement connectée au centre qui régit l'action dans le cerveau. Voilà qui explique la propension masculine à se montrer impatient ou impulsif lorsqu'il y a des problèmes urgents à régler.

L'amygdale, la responsable de nos réactions face au stress ou au danger, est directement reliée à la zone de vision ainsi qu'à la zone d'action du cerveau d'un homme.

Dans le cerveau féminin, la partie gauche de l'amygdale est reliée à d'autres régions du cerveau, dont l'hypothalamus, qui reçoit les signaux des capteurs sensoriels corporels, et non, comme pour les hommes, à la région qui traite les stimuli visuels. Parallèlement, l'amygdale féminine est directement liée aux régions du cerveau associées aux émotions et non aux zones du cerveau régissant les actions. La connexion avec l'hémisphère gauche contrôle l'état intérieur du corps, ce qui ajoute encore à la sensibilité d'une femme pour ce qui se passe en elle. Certaines recherches ont émis l'hypothèse que cette différence s'est développée du fait que le corps féminin doit être réceptif au stress intérieur, notamment au cours de la grossesse et de l'accouchement. Dans le cerveau masculin, les zones en lien avec l'amygdale réagissent à l'environnement extérieur.

En conclusion, sachant cela, on comprend mieux l'habitude masculine d'interrompre les femmes qui exposent leur problème. L'amygdale de l'homme, deux fois plus grosse que celle de la femme, est, nous l'avons vu, directement reliée aux régions *visuelle* et d'*action*, l'incitant donc à agir au plus vite quand il voit sa partenaire en situation de détresse. Au contraire, l'amygdale féminine reliée à la zone *émotions* l'incite à explorer les sentiments qui concernent son problème plutôt qu'à agir.

Pourquoi les femmes n'oublient jamais une dispute

Le cerveau féminin est conçu pour ressentir les émotions et s'en souvenir de façon plus marquée que celui des hommes. Le processus d'expérimentation de cette émotion et de sa codification dans la mémoire est plus intense chez les femmes, et les réponses neurologiques sont davantage intégrées. Bien que la recherche n'ait pas encore réussi à donner une explication neurologique à cette différence, les études ont montré que les femmes avaient une mémoire des événements à connotation émotionnelle plus vive et forte que les hommes. Elles retrouvent leurs souvenirs plus rapidement. Leurs images mentales sont plus riches et plus intenses. En situation de tension, l'esprit d'une femme se retrouve assailli par les souvenirs.

Les émotions stimulent la mémoire d'une femme

Il existe une explication physiologique à l'extraordinaire capacité des femmes à se remémorer toutes les fois où elles n'ont pas été traitées avec égards, les torts qu'on leur a fait subir, et les disputes qu'elles ont vécues dans le passé. L'amygdale joue un rôle clé dans les réponses émotionnelles et la mémoire des sentiments. On pense qu'à l'origine l'amygdale avait pour fonction principale de traiter la peur et les autres émotions négatives. Des études récentes ont montré que l'amygdale répond à la fois aux stimulations émotionnellement agréables et désagréables. Les connexions neurologiques reliant cette structure au reste du cerveau permettent une réponse rapide à un stimulus sensoriel et influencent les réactions psychologiques et comportementales. La formation d'un souvenir émotionnel s'effectue dans l'amygdale gauche chez la femme, et dans l'amygdale droite chez l'homme. Les régions du cerveau féminin impliquées dans les réactions émotionnelles coïncident avec les régions qui conservent les souvenirs. Ce processus est localisé dans des hémisphères différents chez l'homme. Les chercheurs pensent que c'est en raison de ces connexions neurologiques entre émotions et souvenirs que la femme a des souvenirs plus exacts et vivants que ceux d'un homme. Mais en situation de stress, une femme est autant capable de se souvenir des événements déplaisants que de toutes les bonnes actions qu'un homme a accomplies pour elle par le passé. C'est aussi cette faculté qui accroît l'attirance des femmes aux yeux des hommes. Quand sa confiance en lui est mise à mal, sa partenaire peut épauler un homme en lui remémorant ce qu'il a fait pour elle.

Les femmes qui s'attendent à ce que les hommes expriment un niveau d'intensité aussi élevé que le leur seront déçues. Par exemple, une femme qui se souvient de tous les détails d'une soirée romantique est désappointée de voir que son partenaire ne se les rappelle pas du tout, et imagine que cela signifie qu'il n'accorde pas la même importance à leur relation. Connaître le fonctionnement du cerveau de chacun l'aidera à ne pas se sentir blessée ou fâchée. J'ai déjà eu l'occasion de le souligner, la réalité n'est pas toujours conforme aux contes de fée, mais elle permet de repérer les véritables manifestations d'amour, un amour qui ne requiert la perfection ni chez l'un ni chez l'autre.

LA PROFONDEUR DES SENTIMENTS

Le système limbique, qui comporte l'hypothalamus, l'hippocampe et l'amygdale, est le siège des émotions et de la motivation. Une femme présente un système limbique plus large et plus dense que celui des hommes, ce qui lui donne une meilleure prise sur ses émotions. La faculté qu'ont les femmes de se lier aux autres réside dans cette partie du cerveau. Les recherches concluent aussi que le développement plus important de cette zone place les femmes dans un risque plus grand de dépression. En revanche, lorsque le cerveau reçoit ce dont il a besoin, à travers le soutien attentionné d'un partenaire et les aliments nutritifs adéquats, une femme peut ressentir davantage de plénitude qu'un homme. C'est pour cette raison que les femmes plaisent tant aux hommes. Leur énorme potentiel de joie, de plaisir, de plénitude permet aux hommes de s'assurer que les efforts qu'ils déploient comptent aux yeux de leur partenaire.

La très grande capacité des femmes à ressentir la joie, le plaisir et la plénitude aide les hommes à savoir que les gestes qu'ils accomplissent pour elles comptent à leurs yeux.

Ce rapide aperçu des différences entre les cerveaux devrait vous inciter à ne plus vous attendre à ce que les femmes fonctionnent comme les hommes et vice versa. Nos cerveaux sont conçus de manière dissemblable, et le savoir peut conduire vers plus de réalisme. Nous pouvons dès maintenant trouver les façons de soutenir notre partenaire tout en respectant sa nature profonde. Nous pouvons nous donner mutuellement ce dont chacun a besoin.

On peut dépasser le mode conflictuel quand on apprend que nos cerveaux sont conçus pour s'équilibrer l'un l'autre. Une femme veut être heureuse, et son compagnon souhaite qu'elle le soit. Si elle est heureuse, ils le sont tous deux.

CHAPITRE 3

Les hormones de stress de Mars et de Vénus

L'état amoureux déclenche une cascade d'hormones qui diminuent temporairement le niveau de tension. Les hormones sont des messagers chimiques agissant comme catalyseurs de changement au niveau cellulaire. Elles ont des répercussions sur la croissance, le développement, l'énergie et l'humeur. L'état amoureux conduit à se sentir planer et accroît l'énergie. L'euphorie et l'ardeur envers son nouvel amour entraînent un débordement d'acceptation. Les différences sont occultées. À cette étape de l'histoire, chacun des partenaires se montre très désireux de combler l'autre. S'occuper d'une femme stimule certaines hormones spécifiques masculines, alors que ressentir l'attention d'un homme stimule d'autres hormones féminines. La présence de ces hormones en abondance, au début d'une relation, occulte la pression de la vie quotidienne, la reléguant au second plan. La nouveauté disparue, les habitudes reprennent le dessus et la routine s'installe. Les hormones de bien-être opèrent une décrue et le niveau de tension s'accroît. On peut dire que l'amour accorde trois ans d'hormones de bonheur, mais que, passé ce temps de lune de miel, il appartient à chacun de les regagner.

L'ADRÉNALINE ET LE CORTISOL, DEUX HORMONES D'ALERTE ROUGE

Quand on évoque le stress, il vient à l'esprit les embouteillages, les factures impayées, les maisons en désordre, les tensions professionnelles, la surcharge de travail, les dates butoirs, l'absence d'amis vers qui se tourner, les enfants qui pleurent... la liste est sans fin. Voici certainement plusieurs des causes du surmenage actuel, mais la recherche scientifique a dégagé d'autres facteurs en mesurant les niveaux de stress du corps. La production d'adrénaline et de cortisol, deux hormones sécrétées par les glandes surrénales, est une réponse corporelle aux situations de stress. À un niveau strictement physiologique, ces hormones de stress peuvent graduellement faire baisser le stock d'hormones de bien-être.

Confrontée à une situation de danger – disons quand un homme se voit pourchassé par un ours –, la glande surrénale produit de l'adrénaline, aussi appelée épinéphrine, du cortisol et d'autres hormones qui apportent temporairement un surcroît d'énergie et de clarté intellectuelle. Ces hormones fournissaient à nos ancêtres préhistoriques un mécanisme de survie pour les tirer de situations dangereuses. Les alternatives consistaient alors à fuir ou se faire dévorer. Les productions d'adrénaline et de cortisol envoient de l'énergie non seulement au cerveau mais aussi directement aux muscles ; elles aiguisent les sens, décuplent la force et la résistance. Cette redistribution de l'énergie implique un ralentissement de la digestion et d'autres fonctions secondaires. Quand un ours vous poursuit, votre corps choisit entre digérer et être digéré.

L'adrénaline et le cortisol assurent une fonction de survie dans les situations de danger de mort, mais le corps n'est pas prévu pour endurer une décharge permanente de ces hormones du stress. Quand on subit une tension continue mais qui ne nous met pas en danger de mort, ces hormones sont produites et, avec le temps, désorganisent le système digestif tout en amoindrissant les défenses immunitaires : cela se traduit par une baisse d'énergie et une faiblesse face aux maladies. À long terme, le stress entraîne des fluctuations anormales du sucre dans le sang, causant les sautes d'humeur, les dépressions modérées, le sentiment d'urgence, l'irritabilité, l'anxiété et les angoisses en général. Tous ces effets pèsent sur les relations. Voici quelques exemples des répercussions du stress sur le lien amoureux...

1. La dépression modérée inhibe la passion.
2. Le sentiment d'urgence altère la patience et la souplesse d'adaptation.
3. L'angoisse, l'anxiété et la panique diminuent grandement l'aptitude au bonheur.
4. L'irritabilité ombrage les sentiments d'affection, de gratitude et de tendresse.
5. La baisse de tonus réduit la capacité à donner.
6. Les niveaux instables de sucre dans le sang conduisent l'humeur à trop de variations ou, au contraire, à une absence totale de fluctuation et à une stabilisation au niveau le plus bas.
7. Les hommes se désintéressent de la relation, alors que les femmes se sentent débordées, ont l'impression d'avoir trop à faire et de manquer de temps ou de soutien.

Ces symptômes du stress chronique expliquent pourquoi, de nos jours, tant de relations se soldent par un échec. En sachant à quel point le stress affecte le quotidien, il semble évident qu'il importe de chercher à le réduire. Affiner ses compétences relationnelles contribue à recouvrer la sérénité.

Le stress et la surcharge pondérale

La recherche scientifique a mis en avant le lien entre cortisol et obésité ou surpoids. Le stress et le niveau élevé de cortisol sont liés aux dépôts graisseux sur l'abdomen, localisation particulièrement néfaste pour la santé, car elle favorise les maladies cardio-vasculaires. Les taux plafond de cortisol mènent aussi aux mauvaises habitudes alimentaires. En étudiant les troubles compulsifs alimentaires, les chercheurs ont découvert que les femmes dont le niveau de cortisol dépassait la limite du fait de la pression qu'elles subissaient, étaient enclines à grignoter davantage d'aliments riches en sucres raffinés et lipides que les femmes qui ne sécrétaient pas de tels niveaux de cortisol. Avez-vous déjà constaté qu'en cas de fatigue ou de stress, vous ressentez une envie de chips, de biscuits ou de boissons gazeuses ? On peut expliquer cela par le fait qu'en période de stress le corps puise son énergie dans les glucides. Le cortisol entraîne une décharge d'insuline, qui à son tour génère une hausse de l'appétit. Ce cercle vicieux mène au surpoids et favorise à terme le diabète ou d'autres maladies. Les effets des niveaux élevés de cortisol soulignent l'importance d'une alimentation saine en période de stress.

Vous pouvez avoir l'impression de ne pas disposer de suffisamment de temps pour préparer et manger des plats sains, mais conserver de bonnes habitudes alimentaires est d'autant plus important en période de surmenage. Pour identifier les aliments qui ne vous conviennent pas, il suffit de repérer ceux dont vous avez une envie particulièrement forte en situation de tension. Ces aliments contribuent à aggraver votre mal-être et à augmenter votre poids.

Il faut bien l'admettre, en conservant un poids normal, on se sent mieux physiquement, et aussi plus attirant. Aimer son apparence améliore aussi la libido.

Nous devons apprendre à retrouver la sérénité pour arriver au seuil de la vieillesse en bonne santé et amoureux. Les maladies cardio-vasculaires, le cancer, le diabète et l'obésité présentent tous un lien avec des niveaux chroniquement élevés de cortisol. Maintenir bas le niveau de pression contribue à conserver une bonne santé, mais procure également plus de passion, d'énergie, de patience et de bonheur.

Une importante distinction entre les sexes consiste dans le fait que, sous l'action du stress, les femmes produisent plus de cortisol que les hommes. Cela explique la difficulté féminine à rester mince. Quand le niveau de cortisol est élevé, on ne brûle que les glucides, au lieu de brûler une combinaison de glucides et lipides, parce que, en période d'alerte rouge, les glucides fournissent plus rapidement de l'énergie. Ces lipides non brûlés augmentent les risques de surpoids et réduisent le niveau d'énergie. Brûler les lipides apporte vingt fois plus d'énergie que la combustion des glucides. On peut comparer l'énergie dégagée par les lipides à celle d'une bûche, alors que les glucides ne fournissent que l'énergie rapide mais temporaire du petit bois.

Un niveau élevé de cortisol a un autre effet secondaire. La combustion des glucides entraîne une montée d'acide lactique. En consumant plus de glucides que de lipides, l'acide lactique atteint un niveau élevé : les os doivent alors relâcher du calcium pour le neutraliser. On comprend mieux pourquoi 80 % des personnes souffrant d'ostéoporose appartiennent à la gent féminine.

Des milliards de dollars sont dépensés chaque année en antidépresseurs pour aider les hommes et les femmes à gérer leur stress. Heureusement, il existe des manières naturelles de recouvrer la sérénité, qui ne présentent pas d'effets secondaires indésirables. J'ai passé ces dix dernières années à me documenter sur le sujet et j'ai mis en évidence différentes méthodes accessibles à celles et ceux qui souhaitent prendre en charge leur anxiété et leur dépression par des programmes alimentaires de détoxification et par la consommation de lipides essentiels et de compléments alimentaires naturels. Vous pouvez en savoir plus sur ce sujet en lisant *Mars et Vénus au régime*.

LES HORMONES VIENNENT DU PARADIS

Au début d'une nouvelle histoire d'amour, un homme s'enthousiasme et est motivé par le défi de gagner l'amour d'une femme. Ce défi entraîne automatiquement une production de testostérone, l'hormone martienne qui contribue au sentiment de pouvoir et au bien-être. Quand les niveaux de testostérone sont normaux, il est plein d'énergie, attentif à sa partenaire et attiré par elle.

La relation devenant plus routinière, le côté « défi » disparaît et le niveau de testostérone diminue. On dépasse alors la période « lune de miel », et l'homme cherche de nouvelles façons d'élever son taux d'hormone masculine. Sa profession lui fournira dans la plupart des cas l'occasion de se fixer de nouveaux objectifs susceptibles de l'intéresser et de restaurer un niveau hormonal adéquat.

Un homme perd sa passion pour une femme quand, au niveau biologique, se brise l'enchantement qu'il éprouve pour elle et qu'il se concentre à nouveau sur son travail.

Parallèlement, lorsqu'une femme connaît suffisamment son partenaire et se sent en sécurité en sa présence, il survient une montée d'ocytocine. Tout comme le corps masculin répond à la rencontre amoureuse par une production de testostérone, le corps féminin, sous l'effet de l'ocytocine, apporte à la femme une impression d'énergie, de bonheur et d'attirance pour son partenaire.

Après quelque temps, quand la réalité prend le pas sur le rêve et que ses attentes ne sont pas toujours comblées, elle s'aperçoit qu'il ne s'agit pas du conte de fées qu'elle avait imaginé. Sa perte d'espoir, de confiance et d'optimisme aura un effet sur son niveau d'ocytocine. Son quotidien manque de magie. Elle espère voir jaillir à nouveau cette étincelle en donnant plus d'elle-même, mais se rend compte que ses tentatives sont unilatérales : cela la conduit à une baisse d'ardeur et de motivation. Lui se détache, elle voit bien leur manque de connexion... Cela mène inévitablement à un climat de tension. En revenant plus en détail sur la façon dont la testostérone et l'ocytocine fonctionnent chez l'homme et la femme, on perçoit avec plus de justesse comment chacun subit le surmenage à sa manière – cela permet d'anticiper les frictions et d'éviter les disputes.

LA REINE DES HORMONES

La testostérone, principale hormone du sexe masculin, est un des éléments clés déterminant les caractéristiques sexuelles des hommes, comme la domination, la force physique et émotionnelle, la forme du corps, la pilosité, la profondeur de la voix, l'odeur et les performances sexuelles. Cette hormone joue aussi un rôle dans la conduite, le sens de la compétition, la créativité, l'intellect et la compétence à bâtir et mettre en œuvre de nouvelles idées.

Les hommes adultes produisent vingt à trente fois plus de testostérone que les femmes.

La testostérone a des répercussions sur la santé tout au long de la vie et contribue au développement de la masse musculaire et des os. Conserver un bon niveau de cette hormone contribue à combattre le surmenage. Un niveau adéquat signifie qu'il ne doit être ni trop élevé ni trop bas. La testostérone peut augmenter de manière significative lors d'un stress aigu, générant alors une plus grande agressivité. Mais lorsque la pression est chronique – et c'est souvent le cas dans la vie actuelle –, le niveau de testostérone peut plonger. Une baisse de testostérone a pour effet le syndrome de l'irritabilité masculine, caractérisé par le renfermement et la dépression. Une étude récente a montré que le niveau de testostérone des adultes masculins des États-Unis a régulièrement baissé au cours des vingt dernières années.

Le niveau de testostérone des hommes américains s'est effondré au cours des vingt dernières années.

Des facteurs comme l'âge, la consommation de tabac et l'obésité ne parviennent pas à expliquer complètement cette chute. Un régime alimentaire riche en viande et en volaille contribue à cette tendance à la baisse, du fait des hormones utilisées par l'industrie de la boucherie, qui agissent sur le corps comme des œstrogènes. Ces hormones sexuelles féminines inhibent la production de testostérone. La consommation d'alcool ou de soja exerce aussi un effet négatif sur le niveau de testostérone. La bière, par exemple, contient des œstrogènes végétaux qui peuvent contribuer à la réduction de testostérone, expliquant les défaillances sexuelles occasionnelles après une consommation importante de bière. Les études ont aussi dégagé les habitudes de vie susceptibles de faire baisser le niveau de testostérone, et ont conclu – ce n'est pas surprenant – qu'une exposition longue au surmenage influe sur son niveau.

Accomplissement, appréciation et succès

Le niveau normal de testostérone est lié au sentiment général de succès. Pour se sentir bien dans une relation, un homme doit avoir la certitude qu'il réussit son lien amoureux, doit savoir qu'il peut rendre sa compagne heureuse. Les signes de la confiance de sa partenaire, de son acceptation et de son appréciation lui vont droit au cœur, mais contribuent aussi à réguler le niveau de testostérone en combattant les effets du stress.

Un homme amoureux songe souvent à la façon dont il pourrait rendre sa partenaire heureuse. Le défi de réussir sa vie privée amène un regain de sentiments positifs ainsi qu'une montée du niveau de testostérone. En sentant qu'il peut atteindre cet objectif, sa production de testostérone augmente. Quand il sent qu'il n'y parviendra pas, son niveau de cortisol augmente et celui de testostérone diminue.

La réussite ou la prévision de la réussite engendre une montée de testostérone chez un homme et maintient son intérêt pour sa partenaire.

L'échec ou la simple évocation de l'échec à offrir le bonheur à sa partenaire est source de tension et entraîne une diminution de la testostérone. Plus un homme se sent compétent dans sa relation, plus son niveau de testostérone atteindra un niveau adéquat. La confiance en soi accroît le taux de testostérone, ainsi que l'accomplissement de choses stimulantes. C'est à double sens : lorsqu'un homme se sent compétent, son énergie et son bien-être sont au plus haut, parce que sa testostérone est juste au bon niveau ; quand il a le sentiment que, quelles que soient ses tentatives, jamais il ne parviendra à contenter sa partenaire, son niveau hormonal chute ainsi que son énergie. C'est pourquoi remarquer tous les efforts d'un homme et montrer son appréciation revêtent une telle importance pour son bien-être.

Apprécier les gestes d'un homme et pardonner ses erreurs est la meilleure manière de le soutenir.

Lorsqu'un homme traverse une phase professionnelle difficile ou qu'il s'inquiète sans parvenir à résoudre ses soucis, ses hormones masculines commencent à chuter : cela ternit son humeur jusqu'à la remontée de testostérone. Les hommes déprimés ont un niveau bas de testostérone.

Les hommes déprimés ont un niveau bas de testostérone.

Et cela explique pourquoi les hommes mettent souvent les problèmes compliqués de côté afin de les « oublier » pendant quelque temps. En choisissant un autre défi plus accessible, l'homme restaure sa confiance en soi et peut dès lors voir remonter son niveau de testostérone. Grâce à la nouvelle énergie retrouvée, il peut ensuite retourner au premier problème et l'affronter avec une efficacité accrue.

Passer d'un problème à un autre plus facile peut aider un homme à restaurer un niveau hormonal adéquat.

L'environnement professionnel traditionnel, à dominance masculine, est une bonne source de défis, d'activités, de règles et de situations qui stimulent la production de testostérone. En voici quelques exemples...

- La fixation d'objectifs
- La compétition
- La résolution de problèmes
- Rendre des comptes
- La prise de risques
- Le danger
- La domination
- La réussite
- L'efficacité
- Les dates butoirs
- L'argent
- Les résultats
- Le profit
- Les projets
- Le pouvoir

Si un homme se sent sûr de ses capacités, ce genre de situation stimulera son niveau de testostérone et lui apportera de l'enthousiasme, balayant les effets négatifs du surmenage. En revanche, ces situations constituent une source possible de dépression si l'homme a peu confiance en lui. Se bâtir une image de soi positive se révèle crucial pour un homme, car cela contribue à la réussite et à l'enthousiasme plutôt qu'à l'échec et la dépression. En fin de compte, sur Mars il n'y a pas de perdants mais seulement des hommes manquant de confiance en eux et abandonnant avant d'être parvenus à leurs fins. L'image de soi d'un homme risque de se ternir quand son niveau hormonal est bas.

ÉLEVER SON NIVEAU DE TESTOSTÉRONE À LA MAISON

Chez tous les hommes, le niveau de testostérone baisse au cours de la journée. Le cycle naturel voit la testostérone à son apogée le matin. Au cours de la journée de travail, un homme épuise son stock. Le stress de la journée passé, son corps a besoin de se reposer pour reconstituer ses provisions. Cela a lieu la plupart du temps au coucher du soleil. Il se met alors en mode de réparation pour permettre à son niveau hormonal de remonter. Faire une sieste ou choisir des activités peu fatigantes, comme lire le journal ou regarder la télévision, lui permettront d'atteindre cet objectif.

Sa journée de travail finie, un interrupteur s'éteint dans son cerveau et il fonctionne alors selon un mode passif et détendu.

Si un homme ne prend pas le temps de récupérer, la tension empêche son niveau hormonal de remonter. Sa libido se retrouve en berne, de même que son humeur, et voilà notre homme grincheux, irritable ou passif. Les femmes ignorent l'existence de ce besoin, puisque leur bien-être n'est pas lié à la testostérone.

Souvent, elles concluent à de la paresse, alors que leur partenaire ne répond qu'à un besoin biologique impérieux de se reposer. Les femmes produisent aussi de la testostérone, cependant cette hormone est peu liée au stress sur Vénus. De même que la testostérone permet de réduire le stress sur Mars, l'ocytocine contribue à faire baisser le niveau de pression sur Vénus.

L'OCYTOCINE, L'HORMONE DES CÂLINS

L'ocytocine, connue comme l'hormone de l'attachement social, est produite en grande quantité au cours de l'accouchement et de l'allaitement et pendant les orgasmes masculins et féminins. Chez les femmes, le niveau d'ocytocine peut grimper au cours d'un massage bien relaxant et redescendre si la femme se sent négligée ou délaissée. Cette hormone a des effets sur les liens sociaux et l'attachement ainsi que sur l'établissement de la confiance entre les personnes. L'ocytocine stimule chez les femmes le comportement maternel autant que la libido. Les études montrent que les animaux et les personnes ayant un niveau élevé d'ocytocine sont plus calmes, moins anxieuses et bénéficient d'une meilleure capacité à entrer en relation avec les autres.

Bien que les hommes et les femmes aient un niveau moyen d'ocytocine comparable dans leur sang, les femmes ont davantage d'œstrogènes, qui accentuent les effets de l'ocytocine. L'interaction de l'ocytocine avec les œstrogènes et la testostérone est à l'origine des stratégies particulières à chaque sexe de contrer le surmenage. La recherche a démontré que l'ocytocine procure un effet délassant chez la femme mais non chez l'homme : un niveau trop élevé d'ocytocine aura tendance, chez lui, à réduire le niveau de testostérone. De même, une trop grande quantité de testostérone chez la femme entache l'efficacité de l'action antistress de l'ocytocine.

L'ocytocine, hormone de bien-être sur Vénus, est une hormone d'amour et d'attachement.

Le niveau d'ocytocine s'élève lorsque la femme vit une relation d'amitié, qu'elle partage des émotions, se montre attentive et à l'écoute des autres ; elle baisse si la femme ressent un manque ou un deuil, si elle vit une rupture ou se sent seule, rejetée, peu soutenue, ou sans intérêt. Une femme amoureuse voit son ocytocine à son apogée. Elle ne pense qu'à donner davantage à son partenaire et à passer plus de temps avec lui.

Pour s'épanouir dans une histoire amoureuse, une femme doit acquérir la certitude que son partenaire est prêt à prodiguer autant d'efforts à son intention qu'elle lui en consacrera. Les messages qu'il pourra lui adresser lui prouvant son amour, sa compréhension et son respect l'aident à forger cette confiance et élèvent par conséquent son niveau d'ocytocine.

La manière dont elle interprète les gestes de son partenaire est cruciale. Si elle considère que son attitude est aimante, son niveau d'ocytocine monte, et vice versa.

Le niveau d'ocytocine baisse lorsqu'une femme se sent esseulée, rejetée, abandonnée ou lorsqu'elle a l'impression de ne pas compter.

La confiance dans le lien affectif ou la certitude que ses besoins seront comblés aident une femme à élever son niveau d'ocytocine. La confiance est inversée quand une femme attend plus d'un homme que ce qu'il peut donner. Sa déception limite la production d'ocytocine.

La confiance et la certitude que ses besoins seront comblés contribuent à faire monter le niveau d'ocytocine.

Des attentes irréalistes empêchent le niveau d'ocytocine de monter. Certaines femmes comptent uniquement sur leur partenaire comme source de soutien, ce qui voue leur histoire à l'échec.

Plusieurs possibilités s'offrent aux femmes souhaitant rétablir un niveau hormonal adéquat sans compter sur leur partenaire : par exemple, aider autrui, lorsque cette aide est fondée sur la bonne volonté. Le don dans l'espoir de recevoir élève le niveau de testostérone, mais pas d'ocytocine. Une femme ressentant un manque de soutien a une propension à donner « sous condition ». Elle fait preuve d'altruisme, mais se concentre principalement sur ce qu'elle reçoit ou non en retour. Cette façon de donner dans un but intéressé n'aide pas à maintenir un bon niveau d'ocytocine, à cause de la colère et du ressentiment sous-jacents. Le don inconditionnel entraîne une grande production d'ocytocine. Le taux de cette hormone monte quand on se sent généreux, amical et bienveillant, que cette bienveillance soit dirigée vers autrui ou vers soi-même.

Autrefois, les femmes se réunissaient en groupes, s'occupant de leurs enfants et partageant leurs tâches, par exemple la lessive dans les lavoirs. Elles disposaient de nombreuses occupations entre femmes aux cours desquelles elles se soutenaient mutuellement, stimulant ainsi un bon niveau de production d'ocytocine.

Voici quelques exemples de ce qui est susceptible d'élever la production d'ocytocine.

- Le partage de son ressenti
- La communication
- La sécurité
- Le nettoyage
- La beauté
- La confiance
- Le travail d'équipe
- La bienveillance
- Le partage des responsabilités
- La persévérance
- Les compliments

- L'affection
- Les vertus
- L'aide
- Le soutien
- La coopération
- La collaboration
- Les efforts en groupe
- La régularité, le rythme, les tâches routinières

À la maison et au cours de ses activités sociales, le corps d'une femme produit de l'ocytocine quand elle se sent libre de prendre soin d'elle-même ou d'autres personnes. Lorsqu'elle éprouve l'impression d'être pressée, débordée ou contrainte à accomplir une tâche, son stock d'hormones antistress s'épuise, ce qui augmente la pression. La réserve d'ocytocine se reconstitue quand elle a le sentiment d'être vue, entendue et soutenue à nouveau. À la fin de la journée, la simple pensée d'un câlin, d'une conversation ou d'un peu d'affection a un impact important sur Vénus. En revanche, si les femmes évoquent ce qui leur fait défaut, les sensations agréables diminuent et le niveau d'ocytocine baisse.

Le moment le plus stressant de la vie d'une femme

Accomplir des activités professionnelles engendrant une production de testostérone a pour conséquence de diminuer le niveau d'ocytocine d'une femme. Quand elle rentre chez elle, voyant sa réserve d'ocytocine au plus bas, elle se sent débordée par son rôle de mère, d'épouse, d'amie, et par l'impression de prendre soin de tous, imaginant ce qui l'attend, alors qu'elle ne dispose ni du temps ni de l'énergie nécessaires pour tout mener à bien. Le retour à la maison est bien différent pour un homme et pour une femme.

La fin de la journée de travail d'un homme marque le commencement de la détente. S'il se sent contraint de contribuer aux tâches familiales à son retour, son besoin de se reposer sera contrarié. Avec un surcroît de responsabilité et moins de temps pour restaurer son stock de testostérone, il subira une baisse d'énergie. Au lieu de retrouver chez eux un havre d'amour et de paix, les hommes et les femmes d'aujourd'hui sont confrontés à une difficulté d'un nouveau genre. Les femmes demandent une disponibilité accrue de la part de leur partenaire et celui-ci est vidé de toute énergie. Par conséquent, le mécontentement et la rancœur grandissent de part et d'autre.

Les femmes qui envisagent le divorce avancent souvent pour argument : « Je me mets en quatre pour lui et en retour je ne reçois pas ce dont j'ai besoin. Il ne s'occupe pas de moi, et je me sens vidée, je n'ai plus rien à donner. »

La seule présence de son partenaire ne suffit plus à rétablir un niveau hormonal adéquat après de longues heures harassantes. Imaginer son manque d'attention ou le rejet dont il fera preuve à son égard contribue au contraire à faire chuter son ocytocine et augmente son stress. Au lieu de constituer une source de soutien, son compagnon est devenu un souci de plus dont elle doit s'occuper. Pourtant, une meilleure appréhension des véritables besoins de sa compagne permet à un homme de se contenter de la prendre dans ses bras à leurs retrouvailles et d'un court bavardage pour évoquer la journée qu'elle vient de passer. Elle, attentive aux particularités de son partenaire, veillera à ne pas insister sur chaque détail, et lui accordera le temps nécessaire pour décompresser avant de l'assaillir de demandes.

La réussite professionnelle compte pour une femme, mais n'influe pas sur l'équilibre de sa vie privée. En revanche, c'est la qualité du lien affectif qui lui permettra de retrouver la sérénité. Au contraire, pour un homme, le sentiment d'avoir réussi, tant sa vie privée que professionnelle, contribue à maintenir un niveau hormonal optimal et lui permet de combattre les aléas d'un quotidien stressant.

Les différences hormonales entre les hommes et les femmes ayant été plus clairement définies, il convient à présent d'envisager les façons propres à chaque sexe de réagir face aux situations.

Le combat ou la fuite

La réaction de « combat ou fuite » est une réaction physique automatique face à la perception d'une attaque ou d'une menace. Cette réaction, instinctive, émane d'une fonction du cerveau. En cas de danger, le cerveau commande le système nerveux. Comme nous venons de le voir au début de ce chapitre, l'adrénaline, le cortisol et d'autres hormones sont produits, envahissent le système sanguin, accélèrent le rythme cardiaque et la respiration, et augmentent la pression artérielle. Le sang afflue du système digestif vers les muscles et les membres pour apporter plus d'énergie et fournir la force de combattre ou de fuir. L'attention est aiguisée et les réflexes s'accélèrent. Dans cet état d'alerte, tout peut être perçu comme l'ennemi ou une menace contre notre vie. Cette réaction physique est un puissant système d'urgence fonctionnant en cas de danger de mort.

Sous l'effet du surmenage moderne prolongé, les hormones de stress toxiques envahissent le corps sans qu'il y ait réel danger de mort. L'énergie prévue par le corps n'est pas dépensée, et les hormones de stress ne sont pas évacuées par une activité physique. Il n'est pas possible de fuir les dangers perçus, ni de combattre physiquement ceux qui sont identifiés comme les adversaires. Il est au contraire demandé de rester calme sous l'effet d'une critique émanant d'un supérieur hiérarchique, de montrer de la patience lors des appels téléphoniques sans fin à l'assistance technique qui tente de réparer le blocage informatique afin de pouvoir remettre un rapport attendu en urgence. Il faut résister aux embouteillages sans exploser de colère et sans montrer d'agressivité. De nombreux événements stressants du quotidien enclenchent la réaction « combat ou fuite » et peuvent conduire à l'agressivité ou à une réaction disproportionnée. Cette réaction physique a des effets funestes sur l'état émotionnel et psychologique. On éprouve le sentiment d'aller d'urgence en urgence. L'accumulation d'hormones de stress rend malade, causant les maux de têtes, le syndrome du colon irritable, l'hypertension, la fatigue chronique, la dépression et les allergies.

Le Dr Hans Seyle a identifié trois phases de réaction à cette sorte de stress, aux niveaux physiologique, psychologique et comportemental. Physiquement, le corps entre en phase d'alerte rouge, ensuite en phase de résistance, quand il commence à se détendre et, enfin, en phase d'épuisement. La réaction psychologique à la pression mène à l'angoisse, la peur, la colère, la tension, la frustration, le désespoir et la dépression. Sur le plan comportemental, on tente de se débarrasser des sentiments négatifs engendrés par la tension. On fait bombance ou on s'affame, on abuse d'alcool, de tabac ou de médicaments, et l'on adopte des conduites liées à la réaction de « combat ou fuite » en argumentant sans relâche, ou au contraire en se repliant sur soi-même. Le corps des hommes en situation de « combat ou fuite » produit de la vasopressine, dont le pouvoir est renforcé par la testostérone. La combinaison de vasopressine et de testostérone annihile la présence d'ocytocine ; il est dès lors beaucoup plus difficile pour les hommes de se calmer. Ils ne sont pas équipés de ce tranquillisant (l'ocytocine) dont disposent les femmes face au stress. Dans leur quotidien, ces dernières ressentent plus rapidement des débordements émotionnels, mais face au danger, alors que les hommes sont prêts au combat, ce sont souvent les femmes qui peuvent calmer le jeu.

« Prendre soin d'autrui et se lier d'amitié »

Les recherches sur la préhistoire supposent que nos ancêtres féminines ont pu affiner leur réaction au stress afin de se protéger en cas de grossesse, d'allaitement ou lorsqu'il fallait prodiguer des soins aux enfants. La réaction « prendre soin d'autrui et se lier d'amitié » encourage à s'occuper des plus jeunes et à nouer des liens fraternels avec les autres en cas de stress, pour augmenter les chances de survie. Puisqu'un groupe est plus à même qu'une personne seule de surmonter la menace, l'attachement est un mécanisme protecteur pour la mère et son enfant. Quand les hommes partaient chasser, les réseaux d'amitié entre femmes étaient nécessaires à la survie, parce que les grossesses, les allaitements et les soins à prodiguer aux enfants rendaient les femmes plus vulnérables aux attaques extérieures.

Se regrouper facilitait la recherche de nourriture et permettait d'assurer l'habitat de manière plus efficace. À l'époque préhistorique, les hommes se rassemblaient en bandes pour partir à la guerre, alors que les femmes préféraient des groupes plus restreints pour échanger le soutien émotionnel et l'aide matérielle dont elles avaient besoin en cas de danger.

Les femmes ne disposaient pas de la même force physique, de la même taille ni de la même masse musculaire que les hommes pour se protéger. La réaction « combat ou fuite » n'assurait pas la survie des femmes et des enfants, parce qu'il est moins facile de combattre ou de fuir quand on est enceinte, et qu'il leur était difficile de protéger les petits qu'elles allaitaient ou dont elles s'occupaient.

Comment le stress atteint les femmes

La réaction au stress s'observe également dans le comportement des femmes d'aujourd'hui. Au lieu de s'effacer ou de devenir belliqueuses, les femmes recherchent le contact, surtout avec d'autres femmes, et font preuve d'altruisme envers plus faibles qu'elles pour recouvrer la sérénité. Nous l'avons vu, la production d'ocytocine est directement liée au comportement de soin à autrui. Les situations amenant une femme à s'occuper des autres ou lui permettant de se connecter émotionnellement sont de puissants stimulants d'ocytocine.

La production d'ocytocine au cours de la journée de travail est mise à mal par les exigences que les femmes doivent affronter : prendre des décisions, établir des priorités fondées sur le profit plutôt que sur la coopération, se comporter en professionnelles. Il s'agit de situations à forte production de testostérone. Bien qu'il ne soit pas néfaste de stimuler sa testostérone, quand on sait que la réaction naturelle d'une femme au danger n'est ni le combat ni la fuite, il est logique de conclure que cette attitude largement répandue dans l'espace professionnel n'apporte aucune détente aux femmes.

Une femme au foyer peut aussi subir de la pression lors de ses activités de mère ou de maîtresse de maison, si elle s'en acquitte seule, sans le soutien d'une communauté d'autres femmes. Le sentiment d'isolement et d'abandon augmente le stress d'une femme. Certaines femmes au foyer se sentent coupables ou rejetées par celles qui travaillent, pour avoir choisi de s'occuper des leurs au lieu d'assumer une carrière. Ces sentiments s'ajoutent aux contraintes qu'elles subissent déjà.

En fin de compte, les femmes ressentent le surmenage dans les périodes où elles négligent de prendre en compte leurs besoins personnels. Pour retrouver l'équilibre, une femme doit inclure dans sa journée des moments qui favoriseront la production d'ocytocine. Elle doit pouvoir compter sur un réseau de soutien d'amies, de collègues ou de membres de sa famille susceptibles de l'épauler. Faute de trouver un tel soutien, l'attente qu'elle nourrira envers son partenaire risque de prendre trop d'ampleur.

Un homme qui perçoit ce besoin féminin d'activités productrices d'ocytocine interprétera le comportement de sa femme avec plus d'acuité. Par exemple, si une femme se plaint de ne pas recevoir suffisamment de soutien ou de n'avoir personne avec qui évoquer ses préoccupations, cela ne signifie pas qu'elle critique son partenaire. C'est seulement le signe qu'elle cherche à recouvrer la sérénité dont elle a besoin en élargissant son cercle amical.

Parler de ses soucis à quelqu'un qui vous apprécie élève le taux d'ocytocine vénusien.

LE STRESS ET LE SEXE

La femme n'éprouve pas le besoin masculin de décompresser pour restaurer un bon équilibre hormonal ; en revanche, lorsque sa propre ocytocine atteint le niveau de plénitude, la disparition du stress qui en résulte lui procure beaucoup d'énergie et la capacité de vraiment apprécier les relations sexuelles. Une vie sexuelle réussie est la deuxième composante de l'épanouissement féminin, la première consistant en une communication harmonieuse. L'ocytocine est effectivement produite au cours de la relation sexuelle et pendant l'orgasme.

Recourir aux relations sexuelles pour élever l'hormone féminine de bien-être présente cependant un paradoxe : la plupart des femmes voient en effet leur désir sexuel décuplé en cas de niveau d'ocytocine élevé. Les femmes sexuellement très actives tendent à ressentir un appétit accru, car les échanges sous la couette produisent cette cascade d'hormones si bénéfiques. En revanche, l'abstinence expérimentée par certaines femmes sur une longue période diminue leur libido.

Au terme d'une journée de travail harassante, la dernière chose à laquelle pensent la plupart des femmes, c'est à faire l'amour. Sur leur interminable liste de choses à faire, cela vient tout à la fin. Il existe certainement des exceptions, mais dans la grande majorité des cas le stress inhibe le désir féminin

La plupart des femmes, contrairement aux hommes, ne sont pas intéressées par les relations sexuelles quand elles sont en proie à une situation tendue.

Certaines femmes, fonctionnant plutôt selon le type « testostérone », éprouvent un appétit sexuel même en cas de surmenage, alors que leur niveau hormonal est au plus bas. Leurs caractéristiques les rapprochent du fonctionnement masculin, puisqu'elles voient dans l'échange sexuel l'occasion de ressentir du soulagement – mais pour d'autres raisons qu'un homme.

Le plaisir sexuel élève temporairement le niveau d'ocytocine d'une femme et abaisse son niveau de testostérone.

Pendant une courte période, elle est libérée de son niveau de testostérone élevé. Il arrive à certaines de ces femmes d'éprouver une grande excitation sexuelle, mais de ne pas parvenir à l'orgasme, ce qui se révèle frustrant pour chacun des partenaires.

La relation sexuelle produit de la testostérone chez l'homme ; mais, lors de l'orgasme, il est baigné d'ocytocine. Les effets calmants de cette avalanche hormonale expliquent la propension des hommes à se tourner de l'autre côté et à s'endormir rapidement. Après l'amour, le niveau de testostérone de l'homme descend pendant un moment : cela le conduit souvent à prendre une certaine distance juste après avoir fait l'amour.

Les hommes et les femmes réagissent de façon opposée après la relation sexuelle, du fait de leur fonctionnement hormonal distinct. Les femmes, sous l'effet d'une dose puissante d'ocytocine, ont envie de se blottir contre leur partenaire, alors que les hommes, sous l'effet de la montée d'ocytocine et de la chute de testostérone, ont besoin de prendre du recul pour retrouver leur équilibre habituel. Identifier ces attitudes contraires permet de dédramatiser, en n'y voyant qu'un réflexe naturel.

Une sexualité épanouie et régulière est l'un des cadeaux qu'apporte la relation de couple. Pour apprécier ce cadeau après que l'attrait de la nouveauté a disparu, les hommes et les femmes doivent faire preuve de créativité et trouver de nouvelles façons d'aider les femmes à accroître leur niveau d'hormones de bien-être féminines.

LES HORMONES FONT TOUTE LA DIFFÉRENCE

Accorder à son partenaire ce que l'on aimerait recevoir est souvent le contraire de ce qui marche. Les hommes et les femmes ont plusieurs objectifs communs. Nous voulons ressentir la sécurité, le bonheur et l'amour, mais ce qui contribue à générer ces sentiments n'est pas identique chez l'homme et chez la femme – et ce, comme nous venons de le voir, du fait des hormones fonctionnant distinctement chez les unes et chez les autres.

CHAPITRE 4

L'interminable liste de tâches que doit accomplir une femme

Sous pression, une femme se sent rapidement débordée. Une charge de travail trop importante la submerge, l'empêchant de prendre du repos. Tenter l'impossible l'épuise. Malheureusement, la situation se complique, parce que le sentiment d'être dépassée la conduit à éprouver un besoin urgent d'en venir à bout.

Dans l'esprit d'une femme,
il y a toujours d'autres tâches à accomplir.

Le stress la conduit à se sentir dépassée, débordée, ce qui l'éreinte ; l'épuisement lui donne l'impression qu'il y a urgence à agir, et en fin de compte elle se sent surmenée. La voilà dans un cercle vicieux. Il est possible d'y échapper en choisissant des activités susceptibles d'accroître son hormone de bien-être féminine, ce qui l'amènera à ressentir moins de pression, à se sentir moins dépassée, et à retrouver davantage d'énergie. Une femme débordant de vitalité assume ses responsabilités avec beaucoup de plaisir. La liste de tâches à accomplir est toujours interminable, mais cela ne l'effraie plus.

Une femme pleine d'énergie s'acquitte de ses tâches avec beaucoup de plaisir.

Lorsqu'elle a recouvré courage et vigueur, une femme est heureuse et fière de tout prendre en charge. Ma mère a élevé six garçons et une fille. Mon père voyageait beaucoup et elle parvenait à s'occuper de tout en son absence, sans paraître épuisée. Elle appartenait à une autre génération de femmes, capables de gérer l'entièreté de la maisonnée. Mais à cette époque, il n'était pas demandé aux femmes de passer leur journée à produire de la testostérone sur leur lieu professionnel. Au contraire, le mode de vie et l'alimentation d'alors leur procuraient de l'énergie à revendre ; elles bénéficiaient d'un niveau d'ocytocine optimal, ce qui les amenait à ressentir plénitude et sérénité.

La vraie raison de la fatigue des femmes

Chaque mère sait que s'occuper d'une famille est un travail sans fin. Qu'elles soient mères ou non, leur corps est constitué pour résister ; les femmes jouissent pour la plupart d'une excellente endurance. Des études récentes montrent que le corps féminin est en moyenne deux fois plus résistant que le corps masculin. L'homme dispose de presque 30 % de muscles en plus, mais ses muscles atteignent leur limite environ deux fois plus vite. Il s'agit d'une autre explication au besoin masculin de production de testostérone. Outre qu'elle lui permet de décompresser, la testostérone aide un homme à reconstruire sa masse musculaire. Se reposer se révèle donc primordial pour lui.

Épuisé par une journée de travail, un homme rentre chez lui l'esprit vide. Il est inconcevable, selon les normes féminines, qu'un homme puisse s'asseoir et ne penser à rien. Il lui suffit pourtant d'un centre d'attention, et tout le reste disparaît complètement. Les femmes ne sont pas confrontées à la même nécessité, parce que leurs muscles n'atteignent pas leur limite comme ceux d'un homme et ne dérobent pas les acides aminés dont leur cerveau a besoin pour penser. C'est le cas pour le cerveau masculin, dont le besoin de récupérer varie selon l'intensité du stress enduré. Les messages d'approbation de sa partenaire amènent un homme à relâcher la tension ; ils diminuent donc le temps de récupération nécessaire.

Il est inconcevable pour une femme qu'un homme puisse s'asseoir sans souci et ne penser à rien.

La femme dispose, nous venons de le souligner, d'un corps deux fois plus endurant que celui d'un homme. Cette distinction a été mise en évidence lors des recherches effectuées par la NASA. Dans l'espace, les hommes perdent une telle quantité de masse musculaire qu'à l'atterrissage ils doivent quitter la navette en fauteuil roulant. Les femmes confrontées à la même situation n'ont pas fait l'expérience du même phénomène : leurs muscles ont pu préserver leur intégralité.

La résistance d'un corps féminin se révèle deux fois plus importante que celle de son homologue masculin.

Dès la naissance et dans bien des domaines, les différences entre les constitutions corporelles des deux sexes se marquent. Disposant de 20 à 25 % de masse graisseuse supplémentaire, la femme a la capacité de conserver une énergie durable au cours de ses heures d'éveil. La proportion entre les muscles et la graisse permet à son corps de produire une quantité plus importante d'hormones au cours de la grossesse. Cette grande provision de lipides emmagasinés dans les cellules graisseuses fournit aussi à la femme la possibilité de dégager des quantités d'énergie vingt fois supérieures à celles d'un homme. La réserve d'énergie qui découle de la combustion alimente le cerveau féminin qui éprouve peu le besoin de repos, constamment occupé à alimenter l'interminable liste de tâches à accomplir.

Une femme dispose d'une masse graisseuse plus importante que celle d'un homme : c'est ce qui lui procure une énergie durable.

Les femmes sont épuisées, non parce que leurs muscles s'affaiblissent mais par manque d'ocytocine. Quand leur niveau de pression s'élève, leur corps produit du cortisol et elles n'ont plus accès à la combustion de graisse pour y puiser l'énergie. Dans cet état d'alerte rouge, elles ne ressentent que de puissantes envies de glucides ou de caféine qui contribuent rapidement à les épuiser davantage. La solution pour les femmes ne consiste pas à s'octroyer plus de repos, mais à trouver des façons d'approvisionner à nouveau leur réserve d'ocytocine pour retrouver la sérénité.

Stress et morphologie corporelle

La pression présente des effets variables en fonction de la morphologie corporelle. La capacité d'une femme à brûler ses stocks de graisse est désorganisée par le stress, et sa morphologie influe sur ce phénomène. Les trois morphotypes sont le type endomorphe, le type mésomorphe et le type ectomorphe.

Le type endomorphe

Son corps a une forme arrondie, et son niveau d'énergie est plus important que celui de la plupart des femmes. Son corps a cependant tendance à accumuler de la graisse à des endroits non souhaités en période de surmenage. Une personnalité endomorphe acquiert la conviction que trop de monde compte sur elle, ce qui l'épuise au fil du temps.

Le type mésomorphe

Son corps présente une masse musculaire plus importante ; elle peut stocker de la graisse dans ses muscles mais se fatigue rapidement en cas de stress. À défaut de maintenir son niveau d'ocytocine élevé, elle baisse les bras devant l'ampleur de la tâche à accomplir.

Le type ectomorphe

Il s'agit d'une femme très mince, dont le corps est moins gras et musclé que d'autres. L'angoisse et l'inquiétude l'assaillent lorsque le niveau d'ocytocine s'abaisse. Une femme ectomorphe s'inquiète à tout propos.

La plupart des femmes verront leur poids augmenter, subiront une perte d'énergie ou encore se sentiront dépassées quand leur corps ne produit pas suffisamment d'ocytocine. Les morphotypes permettent de distinguer à quel degré chacun des types fera l'expérience de ces effets.

Les femmes d'aujourd'hui sont fatiguées non parce qu'elles ont trop à faire, mais parce qu'elles ne produisent plus suffisamment d'ocytocine pour recouvrer leur sérénité.

Une femme pense que son surmenage découle de sa liste interminable de tâches à accomplir, alors que le manque d'ocytocine est le vrai coupable.

En ignorant cette donnée, une femme cherchera surtout à réduire sa liste de tâches plutôt qu'à favoriser la production d'hormones féminines de bien-être. Elle imagine à tort qu'une fois sa liste achevée, elle pourra enfin se reposer. Elle s'impose dès lors un travail toujours plus important, et attend aussi de son partenaire qu'il la seconde dans les corvées à assumer.

Comment se comporter vis-à-vis d'une femme débordée

Comme nous l'avons déjà souligné, les hommes commettent l'erreur de croire qu'apporter une solution contribuera au bien-être féminin. La testostérone liée à la recherche d'une solution n'a pas la capacité de réduire le stress d'une femme. Un soutien plus efficace consiste à encourager sa partenaire à produire une plus grande quantité d'ocytocine.

Une montée de testostérone, lors d'une recherche de solution, n'a pas d'effet réducteur sur la pression d'une femme.

Les hommes aggravent souvent la situation en tentant de réduire la liste de choses à faire des femmes. Voir un exemple typique...

- *Je me sens vraiment débordée ! se lamente-t-elle...*
– *Pourquoi, quel est le problème ? demande-t-il.*

– J'ai tellement de choses à faire, répond-elle avec une certaine tension dans la voix.

– Essaie de ne pas t'inquiéter, tente-t-il de la rassurer. Viens, on va se détendre et regarder la télé.

– Je n'ai pas du tout le temps de regarder n'importe quoi à la télé, répond-elle avec agressivité. Je dois encore préparer le dîner, payer les factures, annuler mon rendez-vous de demain chez le médecin, à cause de cette réunion que mon patron vient juste d'annoncer. Je dois mettre une lessive en route, et je n'ai pas encore posté mes cartes de remerciements. Je ne retrouve plus rien sur mon bureau, c'est la pagaille totale. Et j'ai presque oublié que je m'étais engagée à rédiger les invitations pour la pièce de l'école.

– Écoute, je peux aller chercher des sushis, propose-t-il pour essayer de réduire sa liste de tâches.

– Tu ne comprends pas, dit-elle. J'ai vraiment trop de choses à faire.

– C'est idiot, calme-toi. Il n'y a rien que tu doives absolument faire.

– Mais évidemment que si ! réplique-t-elle, frustrée. C'est toi qui ne comprends rien.

Loin d'aider sa partenaire, la tentative masculine de montrer « le bon côté des choses » a aggravé l'irritation de celle-ci, en lui prouvant qu'il ne la comprend pas. L'homme ressort déçu de cet échange. Après quelques années, il renonce à essayer de l'aider, car chaque tentative parait vouée à l'échec. Sa femme cesse aussi de chercher du réconfort en se confiant à lui, car il ne parvient pas à identifier ses véritables besoins.

Après quelques années passées à entendre les mêmes rengaines, un homme n'essaie même plus d'écouter ni d'aider.

Les hommes ont pour habitude d'établir des priorités concernant le travail à accomplir et d'évaluer le temps nécessaire pour y parvenir, afin de commencer par la première tâche. Ils fonctionnent sur un mode séquentiel, rappelons-le, et concentrent toute leur attention sur la première chose à faire. Ainsi, ils évitent le sentiment féminin d'être débordé, mais cela les empêche de compatir au vécu de leur partenaire.

Établir des priorités aide un homme à ne pas se sentir débordé mais restreint ses capacités à comprendre sa partenaire.

Chaque mot prononcé par une femme est décrypté par le filtre masculin, afin de déterminer quelle aide il pourrait lui fournir. L'homme établit en permanence des priorités et compare ses propos avec d'autres problèmes à régler. Il effectue un tri dans ce qu'il écoute entre le plus important et le secondaire, afin de gérer d'abord l'important. Si sa plainte lui semble mineure, il va directement au point qui lui paraît retenir le mieux son attention, ou au problème qu'il peut régler le plus facilement – dans le cas cité : aller chercher à manger.

Une femme, remarquant cette tendance masculine à établir des priorités, pourra l'interpréter comme signifiant que ce qu'elle exprime, donc ce qu'elle ressent, est futile à ses yeux. Ce n'est pas la réalité, mais elle le perçoit ainsi. En toute objectivité, il faut reconnaître que tout ce que partage une femme ne revêt pas exactement la même importance. Mais le classement des problèmes par importance est étranger à Vénus. De nombreuses raisons incitent une femme à s'exprimer, et la plupart n'ont rien à voir avec le fait de résoudre un problème – il s'agit le plus souvent de partager, de se rapprocher, de se sentir mieux ou d'explorer les sentiments liés au problème.

Les femmes expriment leurs problèmes pour un grand nombre de raisons – pas pour les résoudre.

Une femme peut évoquer une quinzaine de petits événements. Alors qu'elle a juste envie d'être comprise, lui pense que les problèmes qu'elle expose sont bien moins importants que l'amélioration de l'état de leurs finances. Ce faisant, il diminue la qualité de leur échange. Elle éprouve autant de difficultés à retenir son attention que lui à se concentrer sur ses propos.

L'homme peut dépenser moins d'énergie à écouter sa partenaire s'il abandonne l'idée de chercher comment lui apporter son aide. La femme, de son côté, peut demander un travail concret à son partenaire, ce qui l'aide à élever son niveau de testostérone.

Elle souhaite se confier, qu'il l'écoute et la comprenne. Elle n'a pas besoin qu'il établisse une priorité pour choisir le problème principal et le régler, ni qu'il l'aide à trouver comment y remédier elle-même. En exposant sa liste de tâches, une femme cherche surtout à se rapprocher émotionnellement de son partenaire, et à ressentir ainsi une bouffée hormonale salutaire.

En revanche, il est illusoire de nourrir l'espoir secret qu'en considérant l'ampleur de ses tâches, l'homme se montrera plus serviable. Les femmes doivent identifier clairement leur souhait : si elles veulent partager leur ressenti, il ne s'agit pas d'y accoler des demandes indirectes. À d'autres moments, quand elles ont surmonté l'emprise émotionnelle, elles se montrent plus efficaces en demandant concrètement sa collaboration à l'homme pour la tâche à effectuer.

Comment recevoir de l'aide des Martiens

Les hommes ne peuvent plus ignorer le fait que les femmes d'aujourd'hui ont davantage besoin de soutien : elles jonglent avec des responsabilités qui les écartèlent dans un monde plus stressant que jamais. Leur proposer le soutien qu'apportait leur père à leur mère n'est plus suffisant. En revanche, il appartient aussi aux femmes de se remémorer le besoin de reconnaissance des hommes, car ce besoin comblé les incitera à se montrer plus serviables.

J'en ai fait l'expérience un jour où ma femme m'a demandé de ramasser trois de mes chemises qui traînaient près de notre lit et de les déposer dans le panier à linge. J'étais ravi de l'aider.

– Regarde comme la chambre est belle, maintenant, tout en ordre, me dit-elle avec un grand sourire de plaisir. Merci de m'avoir aidée à la ranger.

Je me suis senti très fier, comme si j'étais responsable du rangement de la chambre entière.

Les victoires faciles encouragent les hommes à poursuivre leurs efforts.

Qu'elle soit contente et me le fasse savoir m'a rappelé le tout début de notre relation, quand chacun de mes gestes était « génial » et qu'elle m'admirait en permanence. Cette facilité à la rendre heureuse a stimulé ma production de testostérone, m'apportant de l'énergie, et m'encourageant à en faire plus et à me rapprocher d'elle.

Quand un homme fait un tout petit geste et reçoit un grand compliment, il trouve l'énergie et la motivation pour perpétuer son aide.

Une femme qui ignore cet effet hormonal sur le bien-être d'un homme peut, à la lecture de cette anecdote, conclure à l'immaturité ou à la puérilité masculine. Après tout, une femme n'éprouve pas le besoin qu'on remarque et admire chacun de ses gestes altruistes. Elle veut juste être aidée. Méconnaissant cette caractéristique masculine, elle néglige d'exprimer son contentement et sa gratitude, ce qui a pour résultat d'inciter son conjoint à limiter ses efforts.

Il arrive aux hommes de porter un regard tout aussi critique sur le comportement féminin. Un homme ignorant les besoins hormonaux de sa partenaire va la trouver trop « collante » quand elle veut qu'il la prenne dans ses bras. Son besoin qu'il la complimente, qu'il lui témoigne des petites attentions, de l'affection et de la tendresse risque d'être négligé et mal perçu.

Donner moins pour recevoir davantage

Sous l'effet du surmenage, une femme commet souvent l'erreur de se mettre en quatre pour sa famille au lieu de se focaliser sur ses propres besoins. Les hommes éprouvent la nécessité de se reposer en fin de journée, nous l'avons déjà souligné, et les femmes doivent équilibrer leurs journées bien remplies en y incluant des moments de tendresse, ce qui constitue le pendant féminin au besoin de repos masculin. S'occuper d'autrui peut élever le taux d'hormones féminines à la condition de recevoir en retour amour et soutien.

Une femme épaulée ressent une montée hormonale positive. Il semble dès lors logique qu'elle continue à donner dans l'idée de recevoir ce soutien en retour. Cet enchaînement peut très bien fonctionner comme se révéler inefficace.

Quand le soutien lui fait défaut, son cerveau lui rappelle qu'en donnant plus, elle peut se sentir mieux. À moins d'y réfléchir, elle ressentira instinctivement un besoin compulsif de donner au lieu de rechercher d'autres sources de bien-être.

Une femme privée de ce dont elle a besoin ressent un besoin urgent de prendre davantage en charge autrui.

À moins qu'elle n'apprenne à mettre un frein à cette propension, une femme risque de donner jusqu'à épuisement. Il n'en va pas de même sur Mars. Un homme préfère une femme qui ne se sacrifie pas et accepte le soutien qu'il lui offre. Cela procure à l'homme fierté et impression d'accomplissement.

Limiter l'aide apportée à autrui est un concept plus accessible aux hommes qu'aux femmes. Pourtant, afin de produire l'ocytocine nécessaire à son bien-être, une femme doit équilibrer les gestes qu'elle prodigue à autrui et ceux accomplis pour elle. Apprendre à refuser les demandes extérieures importe autant qu'être capable de les accepter. Cela lui est pénible. Aussi, pour y parvenir, peut-elle s'apercevoir qu'en disant non aux autres, elle se dit oui à elle-même. Recevoir davantage de soutien l'autorisera à donner avec le cœur sans ressentiment ni impression de sacrifice.

Nombre de femmes craignent qu'en cessant de se dévouer corps et âme et en s'octroyant davantage de temps pour leurs propres besoins, elles perdront leur attractivité pour l'être aimé. Ce n'est pas le cas. Les hommes aimeront toujours les femmes satisfaites et heureuses. Prendre en compte cette information libérera les femmes du poids de vouloir faire le bonheur de leur compagnon.

QUAND LE SACRIFICE EN VAUT LA PEINE

Il n'est pas pour autant question de renoncer à tout sacrifice pour les êtres que nous aimons. Un sacrifice pesant est néfaste ; s'il est justifié, il s'agit d'un sacrifice valable, et dès lors d'une très belle preuve d'amour. Le mot sacrifice puise ses racines étymologiques dans le latin *sacri fice*, qui signifie « faire sacré ». En éclipsant ses propres souhaits afin de mieux soutenir l'autre, on lui montre son amour.

Se sacrifier pour son partenaire le rend sacré.

Je me souviens encore de l'immense amour qui m'envahissait quand je me levais la nuit pour mes enfants malades ou en pleurs. J'avais sacrifié une bonne nuit de sommeil, mais ce n'était pas pesant. Il s'agissait d'un bon sacrifice. J'avais renoncé à ce que je souhaitais pour une cause valable, ce qui m'avait conduit à accroître ma capacité à aimer mes enfants, à m'aimer moi-même et à aimer la vie.

La réussite d'une relation implique ajustements et compromis – et les hommes s'y soumettent aussi volontiers que les femmes.

Imaginons qu'en voiture, je souhaite appuyer sur le champignon. Mon épouse, qui m'accompagne, me demande de ralentir. Je peux avoir l'impression de sacrifier mon envie de conduire à ma façon à ses conseils de prudence. Il se peut aussi que j'interprète sa demande comme un signe de contrôle de sa part et que je refuse tout compromis. Mais ma conduite entraîne des effets délétères sur son stress : je le remarque, et le sacrifice devient raisonnable et utile. Lever le pied me paraît un ajustement acceptable parce que je l'aime.

Comprendre les véritables besoins de son partenaire apporte du sens aux sacrifices consentis l'un pour l'autre.

Je n'ai pas tout à fait abandonné le goût de la conduite plus virile, et continue à faire vrombir mon moteur quand je suis seul en voiture. Mais quand elle est avec moi, je m'adapte à ce qui lui convient. Même si j'ai commencé par grommeler, lui accorder ce plaisir m'a procuré un sentiment de satisfaction.

Le désir pour un homme de rendre sa femme heureuse est grandement sous-estimé par les femmes, en partie parce que leurs motivations sont très éloignées. Le bonheur d'une femme et son niveau d'énergie sont, répétons-le, liés aux activités qui produisent de l'ocytocine, comme les signes de tendresse et les égards qu'elle prodigue aux autres et qu'elle reçoit. Le bonheur et l'énergie d'un homme, en revanche, sont liés aux activités productrices de testostérone, comme la fierté d'avoir atteint un but.

Tout ce qui permet à un homme de savoir qu'il a réussi retiendra son attention et lui procurera de l'énergie.

RENDRE UN HOMME HEUREUX EST PLUS FACILE QU'ON NE LE PENSE

Il y a une vérité derrière le proverbe « le meilleur ami de l'homme est son chien ». Un chien se montre toujours heureux de voir son maître. Au retour de celui-ci à la maison, le chien l'accueille en jappant de plaisir et ne se plaint jamais. Rien qu'en voyant la queue du chien fouetter l'air, le niveau de stress d'un homme décroît.

Chaque fois que je rentre chez moi, mon chien me fait une vraie fête. Il est tout fou, tourne autour de moi. Le héros, parfois blessé, est revenu de la guerre. Je me sens aimé et j'ai le sentiment de compter. L'amour inconditionnel d'un chien, et son appréciation sans mesure ont un grand impact sur un homme. Une meilleure compréhension de l'attachement des hommes à leur chien aide à percevoir la véritable nature masculine et ce qui touche le cœur des hommes.

Le besoin d'amour des hommes est aussi grand que celui des femmes, mais ils se sentent aimés pour d'autres raisons.

La réussite d'un homme se mesure à l'aune de ses faits et décisions : son succès accroît son hormone masculine de bien-être. Voilà pourquoi l'accueil de son chien, tout heureux de le revoir, lui procure autant de plaisir. L'homme voit dans la loyauté de son chien le signe qu'il est accueilli en vainqueur, après avoir remporté de grandes batailles.

La confiance en soi d'un homme est liée à sa compétence.

Une femme est ravie de voir son travail apprécié, mais cela n'a pas d'effet sur son niveau de stress. Les femmes s'interrogent souvent sur les causes du besoin de reconnaissance masculin, incitant les hommes à souligner qu'ils sont les auteurs d'un travail correctement accompli. Les louanges ont peu de prise sur elles, puisque la production de testostérone qui y est associée ne leur apporte pas le même bien-être qu'aux hommes.

Les hommes et les femmes méritent qu'on apprécie leurs actes, mais celles-ci ne ressentiront pas le même bien-être que leur partenaire masculin.

Cette particularité explique pourquoi les hommes n'aiment pas demander leur chemin quand ils conduisent, ou ne recourent à un médecin qu'en cas de réelle nécessité. Les femmes n'éprouvent aucune difficulté à solliciter de l'aide. Un homme pourra s'y résoudre, mais seulement s'il pense avoir tenté tout ce qui était en son pouvoir. Dans ce cas, demander de l'aide contribue aussi à produire de la testostérone, car c'est sa façon de résoudre le problème. L'enchaînement qu'il choisit diffère de celui d'une femme, il veut d'abord tenter d'y parvenir seul.

Un homme demande de l'aide quand il s'est rendu compte qu'il a fait tout ce qui était en son pouvoir pour régler lui-même le problème.

Quand je demande aux participants masculins de mes séminaires lesquels d'entre eux s'arrêtent pour demander leur chemin, la majorité lèvent la main. Et la plupart des participantes éclatent de rire devant tant de mauvaise foi. C'est pourtant la vérité. Les hommes s'arrêtent souvent lorsqu'ils sont perdus mais surtout lorsqu'ils sont seuls. En voiture, une femme voit son partenaire hésiter bien avant qu'il ne l'avoue. Pour lui, admettre qu'il est perdu est un échec, le signe de son incompétence. Il essaiera par tous les moyens de retrouver son chemin avant de se résigner à s'arrêter pour solliciter de l'aide.

Demander son chemin contribue au contraire à faire grimper le taux d'ocytocine d'une femme. La personne sympathique qui aura pu l'aider lui procurera un sentiment de bien-être et amènera un sourire sur son visage. Sur Vénus, la qualité des relations importe plus que la compétence. En termes hormonaux, cela se traduit par une production d'ocytocine quand la femme a pu partager, échanger, communiquer, alors que l'homme voit sa production de testostérone augmenter quand il montre sa capacité à régler seul le problème.

Les hommes sont biologiquement prédisposés à accomplir des actes, et les femmes à en bénéficier. Le but d'un homme n'est pas de trouver quelqu'un qui l'aimera, mais au contraire de trouver celle qu'il pourra aimer.

Un homme cherche avant tout à être compétent dans ses relations amoureuses.

On peut reconnaître que, sous cet angle, les hommes et les femmes s'accordent parfaitement. Elle est la plus heureuse quand il s'évertue à combler ses besoins, et lui ressent le plus de plaisir quand il y parvient. En recevant cet amour et cette attention, la femme oublie les tracas de sa liste de tâches : elles sont toujours là, mais le soutien qu'elle reçoit lui apporte l'énergie pour s'en charger et le sentiment d'être épaulée.

Grâce à ce soutien, elle parvient à se détendre et même à apprécier ses multiples responsabilités, autant que les attentions qu'il lui témoigne. Il est heureux de savoir qu'il contribue à sa plénitude sans avoir à assumer toutes les tâches de son interminable liste.

CHAPITRE 5

La solution 90/10

Une femme dont la provision d'ocytocine est épuisée recherche instinctivement dans son couple le soutien dont elle a besoin. Le problème vient du fait qu'elle voit en son partenaire l'unique source de ce soutien. Pendant des milliers d'années, les femmes ont empli leur réservoir hormonal indépendamment des hommes. Les femmes se soutenaient les unes les autres en l'absence de leur mari, parti chasser ou exercer une profession pour subvenir aux besoins des siens.

Au cours de l'Histoire, on peut remarquer que les hommes n'ont apporté qu'une partie du soutien nécessaire aux femmes. Le rôle des hommes était d'assurer la protection et la survie matérielle. Cette fonction est encore assumée de nos jours par les hommes, mais sa portée en est réduite par la nouvelle capacité des femmes à garantir elles-mêmes leur survie.

Pourtant, il est illusoire de voir en l'homme le seul apport de soutien dont la femme a besoin pour gérer le stress qui la guette aujourd'hui. Imaginons le besoin d'ocytocine comme un puits qui doit être comblé, et dont un homme ne peut remplir que 10 %. Il revient à la femme d'en remplir le reste. Quand le puits atteint un niveau proche du maximum, l'homme cherche instinctivement à le remplir. Au contraire, si le puits est vide, le remplir de 10 % ne va pas faire une grande différence. Les deux partenaires constatent alors que les efforts de l'homme n'ont pas été d'une grande utilité. En assumant la responsabilité de prendre en charge les 90 % de son bonheur et de n'attendre que 10 % d'efforts de la part de son conjoint, une femme accorde de meilleures chances de survie à son couple. Cette métaphore des 90/10 permet aux femmes de nourrir des attentes réalistes envers leur partenaire.

Les hommes ne peuvent donner qu'une petite partie du soutien dont les femmes ont besoin pour produire l'ocytocine nécessaire.

Un homme contribue au bien-être hormonal de sa partenaire, mais il appartient à cette dernière de chercher aussi ailleurs le soutien dont elle a besoin. Loin de dépendre de son conjoint pour l'entièreté de ses besoins émotionnels, une femme doit être lucide sur ce qu'il peut apporter. Une telle attitude améliore considérablement les relations de couple.

Quand une femme atteint presque le sommet de sa réserve d'ocytocine, son partenaire est très motivé pour combler le manque.

Si le puits est presque plein et que l'homme apporte 10 % de soutien, ses gestes auront une grande incidence sur l'état de la femme. Son humeur passera de bonne à excellente, et elle éprouvera à l'égard de son conjoint une gratitude aussi grande que s'il était parvenu à la combler entièrement. Témoigner de petites attentions en sa faveur et en tirer un tel bénéfice encourage l'homme à perpétuer ses efforts. Il éprouve le sentiment d'être capable de la rendre heureuse ; son stress diminue, et son intérêt croît pour la relation. Il se sent romantique.

Quand ses petits gestes ont beaucoup d'effet, l'homme a envie d'en faire plus.

Le laisser ajouter sa touche personnelle

Les hommes et les femmes doivent coopérer pour gérer leur stress, mais, nous l'avons déjà vu, seulement au travers d'attentes réalistes et d'un partage des responsabilités.

Les hommes ne peuvent plus se contenter du faible soutien que leurs pères apportaient à leurs mères. Le problème, c'est que la plupart des hommes ignorent ce que les femmes attendent exactement d'eux : les femmes doivent exprimer leurs désirs, et parallèlement il leur appartient de trouver comment combler ceux-ci en dehors de leur couple. En prenant le temps de se ressourcer, une femme aide son partenaire à contribuer à la mettre de très bonne humeur. Elle doit pouvoir trouver les activités qui lui apportent la plénitude.

Nous l'avons vu, les hommes sont motivés surtout quand ils ont le sentiment que leur geste aura des répercussions positives. À la simple pensée de passer du temps avec la femme de sa vie, un homme se sent plein d'énergie s'il sait qu'il parviendra à la mettre d'excellente humeur. Un homme romantique ne peut combler une femme que si elle est déjà heureuse sans lui. Pour aider un homme à la soutenir, une femme doit parvenir à atteindre un niveau hormonal agréable sans dépendre de lui. De nombreuses voies s'offrent à elle pour atteindre ce but.

Une femme peut augmenter son niveau d'ocytocine sans dépendre d'un homme.

Vous trouverez ci-dessous une liste non exhaustive de propositions susceptibles d'élever le niveau d'ocytocine féminin. Certaines de ces activités permettent à la femme de se ressourcer en s'occupant d'elle, en trouvant des idées qui la réconfortent, la récompensent, lui apportent du plaisir ou du bien-être, ainsi que des occasions d'échanger son ressenti avec des personnes autres que son partenaire. Comme nous l'avons vu (chapitre 3), le bien-être hormonal est lié au comportement visant à « prendre soin de soi et se lier d'amitié ».

1. S'offrir un massage.
2. Aller chez le coiffeur.
3. S'offrir une pédicure ou une manucure.
4. Prévoir une sortie avec des copines.
5. Bavarder avec une amie au téléphone.
6. Déjeuner avec une amie, sans motif professionnel.
7. Cuisiner avec une amie et tout ranger ensemble.
8. Se promener en méditant ou en respirant très profondément.
9. Repeindre une pièce avec des amis ou des membres de sa famille.
10. Écouter de la musique.
11. Chanter sous la douche.
12. Prendre des cours de chant.
13. Chanter dans une chorale.
14. Prendre un bain parfumé.
15. Allumer des chandelles pour le dîner.
16. Faire les magasins avec une amie.
17. Passer un week-end ou une semaine dans une thalasso avec des amies.
18. S'offrir un soin du visage.
19. S'offrir une séance de coaching sportif.
20. Suivre un cours de yoga.
21. Prendre des cours de danse.
22. Marcher pendant au moins une heure.

23. Prévoir des promenades régulières avec des amies et discuter pendant la promenade.
24. Préparer un repas pour une amie qui vient d'accoucher.
25. Préparer un repas pour un ami ou un membre de la famille qui est malade.
26. Planter des roses et d'autres fleurs parfumées dans le jardin.
27. S'offrir un magnifique bouquet de fleurs.
28. Planter un jardin potager et s'en occuper.
29. Aller au marché de fruits et légumes frais.
30. Préparer un repas à partir de son propre potager ou du marché de produits locaux.
31. Partir en week-end.
32. Partir faire du camping avec des amis dans la nature.
33. Prendre un bébé dans ses bras.
34. Caresser un animal domestique et s'en occuper.
35. Demander son chemin.
36. Demander de l'aide pour porter quelque chose.
37. Prendre le temps de flâner dans une librairie sans but précis.
38. Lire un bon livre.
39. Réunir toutes les meilleures recettes de ses amies.
40. Suivre un cours de cuisine.
41. Trouver de l'aide pour la cuisine, le ménage, l'entretien de la maison ou les courses.
42. Engager un homme à tout faire.
43. Prévoir des activités familiales amusantes.
44. Trouver une occasion particulière d'utiliser la jolie porcelaine et les belles nappes.
45. Animer un atelier dans l'école de son enfant.
46. Faire des gâteaux pour une association caritative.
47. Assister à une pièce de théâtre, à un concert ou à un spectacle de danse.
48. Pique-niquer avec des amis ou de la famille.

49. Prévoir des événements qui sortent de l'ordinaire et dont on attendra la survenue avec impatience.
50. Fonder une association de nouvelles mères ou s'inscrire dans une telle association.
51. S'occuper bénévolement d'enfants handicapés.
52. Donner de son temps pour ceux qui ont faim.
53. Lire des magazines de mode ou de psychologie.
54. Assister régulièrement à des réunions spirituelles ou religieuses, à des conférences.
55. Rester en contact avec ses amies.
56. Regarder son émission de télé préférée ou un DVD avec une amie.
57. Écouter des cassettes ou des CD de développement personnel.
58. Consulter un psy ou un coach.
59. S'intéresser à une nouvelle culture et goûter sa cuisine.
60. Passer du temps sur une plage, près d'un lac ou d'une rivière.
61. Apprendre à skier, à jouer au golf ou au tennis avec des amis.
62. Assister à une dégustation de vin avec des amies.
63. Manifester pour une cause sociale ou politique.
64. Participer à une marche pour une cause.
65. Engager quelqu'un qui viendra débarrasser sa maison des choses inutiles qui s'entassent.
66. Proposer une activité à une amie.
67. Suivre un cours sur la diététique, la cuisine ou le bien-être.
68. Lire ou écrire de la poésie, ou participer à une lecture de poésie.
69. Acheter un nichoir et se réjouir de voir les oiseaux venir se nourrir.
70. Visiter un musée.
71. Aller au cinéma pendant la journée.

72. Écouter un auteur présenter son livre dans une librairie près de chez soi.
73. Tenir un journal de ses pensées et sentiments.
74. Faire un album de photos pour chacun de ses enfants.
75. Créer une liste d'e-mails d'amies avec lesquelles échanger les photos, ou créer un compte Facebook.
76. Demander à ses amies d'envoyer leurs photos.
77. Créer une liste d'e-mails d'amis ayant des idées politiques proches, afin d'échanger des impressions sur l'actualité.
78. Suivre un cours de peinture ou de sculpture avec une amie.
79. Tricoter une écharpe pour une personne aimée.
80. Retrouver ses amies pour prendre un café ou un thé.
81. Faire un don à une association caritative.
82. Ranger son placard.
83. Changer sa couleur de cheveux.
84. S'acheter un nouveau vêtement.
85. S'offrir de la lingerie fine.
86. Montrer un album de photos à ses amies.
87. S'inscrire à un club de sport.
88. Jouer aux cartes avec des amis.
89. Découvrir un nouveau programme alimentaire pour la minceur ou la santé, et l'adopter.
90. Donner ses vieux vêtements à une œuvre de charité.
91. Envoyer une carte d'anniversaire.
92. Utiliser des produits d'entretien écologiques.
93. Présenter les fruits de façon originale dans sa cuisine.
94. Suivre un cours d'arrangement floral.
95. Faire don de son temps à l'hôpital local ou à une maison de retraite pour accompagner les mourants.
96. Organiser un anniversaire surprise pour une amie.
97. Faire don de ses livres lus à l'hôpital ou à la bibliothèque locale.
98. Garder les enfants d'une amie afin qu'elle puisse passer du temps avec son partenaire.

99. S'octroyer le temps, au milieu d'une journée remplie, de s'étirer et de respirer le parfum des roses.

Vous pourrez certainement imaginer encore bien d'autres idées qui vous aideront à vous sentir mieux. Chacune de celles-ci est liée au partage, au don de soi, à l'amitié, ou au bien-être. Ces activités « d'amitié et de partage » auront un effet sur la production d'ocytocine et apporteront un profond bien-être.

Pour certaines femmes, lire cette liste est une révélation : cela leur permet de s'accorder enfin du temps pour des activités qu'elles apprécient. Pour d'autres, il pourra s'agir d'une liste différente. Si vous êtes stressée, peut-être ressentez-vous un manque de temps pour ajouter la moindre activité. Pourtant, ne passez pas à côté de cette liste : si l'un de vos enfants est plus calme et requiert moins d'attention, cela ne signifie pas qu'il n'en a pas besoin ; vous vous en occupez quand même.

Essayez de commencer par inclure une idée qui vous tente particulièrement. Votre niveau d'ocytocine s'élevant, vous trouverez plus facilement le temps pour d'autres activités. Souvenez-vous : si vous vous sentez débordée, ce n'est pas parce que vous en faites trop, mais parce que la plupart de vos activités vous conduisent à produire de la testostérone et non de l'ocytocine.

La solution, c'est de trouver un équilibre, et vous êtes la seule à pouvoir y parvenir. Un partenaire romantique peut être d'une grande aide, mais la balle est d'abord dans votre camp. À vous de rechercher en vous ou auprès de vos amies et famille le soutien nécessaire.

Si vous continuez de mener une vie surbookée, en tentant de résoudre des problèmes urgents les uns après les autres, vous vous sentirez toujours débordée et le stress ne disparaîtra jamais. C'est seulement en s'assurant de prendre soin de son bien-être hormonal qu'une femme parvient à décompresser et à profiter de la vie. Il vous appartient de sélectionner certaines propositions de la liste ou d'en ajouter d'autres, ce qui vous fera parvenir à un plus grand bien-être.

MARQUER DES POINTS SUR VÉNUS

Malgré l'incapacité masculine à prendre complètement en charge le bien-être émotionnel de leur partenaire, les hommes souhaitent la rendre heureuse. Mais c'est une tâche difficile quand les femmes sont débordées. Je voudrais revenir ici sur un sujet déjà développé dans certains de mes ouvrages précédents. Les femmes ne donnent pas la même valeur aux gestes et efforts des Martiens que les hommes.

Bien sûr, ce calcul des points n'est pas conscient. Mais les femmes remarquent ce que l'on fait pour elles et en tiennent compte pour mesurer si ce qu'elles reçoivent correspond à ce qu'elles donnent. Quand une femme fait preuve d'altruisme envers son partenaire, elle s'accorde un point ; quand il lui prodigue une attention, elle lui en accorde un.

Les hommes ont aussi recours à un comptage des points, effectué inconsciemment, mais leur grille de comptabilité diffère de celle des femmes. Les hommes considèrent que l'importance de leur geste influe sur le nombre de points qu'ils s'accorderont : par exemple, gagner beaucoup d'argent pour sa famille ou lui offrir des vacances onéreuses, cela incite un homme à compter quelques centaines de points dans son camp. Après un geste important, il estime qu'il mérite de se reposer pendant un moment. Malheureusement, les femmes ne voient pas la chose du même œil.

Sur Vénus, chaque marque d'amour compte pour un point, qu'il s'agisse d'un grand geste ou d'un tout petit. S'il offre une semaine de vacances de rêve, c'est un point. S'il lui tient la porte pour qu'elle passe, c'est aussi un point. Pour aider les femmes à élever leur niveau d'ocytocine, il s'agit donc de multiplier les gestes, grands et petits, d'offrir sa tendresse, son aide, et de marquer ainsi des points selon la comptabilité vénusienne.

Sur Vénus, chaque geste d'amour équivaut à tout autre geste d'amour, important ou non.

Un homme marié marque un point pour être parti travailler, un point pour être revenu, et un point pour sa fidélité. Voici les trois points en or. Sans ces trois points, il ne peut en marquer aucun autre. Ces trois points lui accordent les clés du cœur féminin, mais ce sont les petites attentions qui en ouvrent la porte.

Les hommes ont vraiment intérêt à bien saisir cette notion. En effet, on peut remarquer ceci dans de nombreux couples : les hommes consentent à de gros efforts pour contenter leur partenaire et celle-ci continue à se plaindre qu'ils n'en font pas assez. Imaginons qu'il l'ait emmenée dîner pour la Saint-Valentin. Selon son comptage des points, il vient d'en marquer cent. Pour elle, trois points sont enregistrés : un point pour s'être souvenu que c'était la Saint-Valentin, un point pour avoir choisi un restaurant, et un point pour lui avoir ouvert la porte de la voiture. Quand par la suite elle se plaint qu'ils n'ont jamais l'occasion de rien faire ensemble, il en conclut que ses efforts ne servent à rien.

La plupart des hommes n'accordent pas suffisamment d'importance aux petits gestes qui, sur Vénus, permettent de remporter beaucoup de points.

Sur Vénus, ce sont les intentions qui comptent. Vous marquez un point en vous contentant de proposer quelque chose, avant même de l'avoir accompli. Au lieu de monter le thermostat dans la maison, je dis à Bonnie : « On dirait que tu as un peu froid, tu veux que je monte le chauffage ? ». D'un seul coup, je marque trois points : un point pour avoir porté mon attention sur elle, un point pour lui avoir proposé d'assumer un acte en sa faveur, et un point pour avoir effectivement augmenté la température. Il est plus facile de faire le bonheur d'une femme quand on identifie ce qui compte à ses yeux.

Si j'ai le sentiment que je dois vraiment remonter mon score, je peux lui proposer d'allumer un feu dans la cheminée afin de passer une soirée romantique. Je reçois alors beaucoup de points : un point pour sortir dans le froid chercher le bois, un point pour le rapporter, et un point pour allumer le feu. Au lieu d'allumer un grand feu, je le fais plutôt petit. À chaque fois que je me relève pour remettre une bûche dans la cheminée, je gagne un point de plus pour avoir remarqué la nécessité d'ajouter une bûche, et encore un point pour l'avoir ajoutée.

Il en va de même lorsque les hommes écoutent leur partenaire. Chaque fois qu'elle peut s'exprimer sans qu'il l'ait interrompue pour lui proposer une solution, l'homme marque un point. Au bout de dix minutes, il peut facilement marquer dix points. Ces petites marques d'amour agissent sur l'humeur d'une femme, qui varie de bonne à excellente. Il éprouve aussi le sentiment d'y avoir contribué.

Un homme qui offre à sa partenaire une douzaine de roses ne marque que deux points, bien qu'elle soit ravie des fleurs : un point pour avoir eu l'idée d'un geste attentionné et un autre pour avoir acheté les fleurs. S'il veut marquer plus de points, plutôt que lui offrir un bouquet de roses une fois de temps en temps, il peut rapporter douze fois une seule rose. Il aura marqué vingt-quatre points au lieu de deux.

Pour marquer plus de points, mieux vaut rapporter douze fois une rose qu'une fois douze roses.

Découvrir l'importance des petites attentions permet à un homme de contenter davantage sa partenaire en faisant moins d'efforts. Quand elle se plaint des tâches qui l'assaillent, les petites attentions conviendront mieux que la prise en charge d'une des corvées. Inutile de résoudre ses problèmes, car trouver des occasions, même modestes, de lui montrer qu'il l'aime influe davantage sur son niveau d'ocytocine.

Quelques idées auxquelles un homme peut avoir recours pour remplir le réservoir d'ocytocine de sa partenaire.

Les hommes marquent plus de points en enlaçant leur partenaire qu'en se démenant pour rapporter un gros salaire. En m'en rendant compte, j'ai adopté l'habitude d'enlacer ma femme au moins quatre fois par jour : le matin en me levant, en quittant la maison, à mon retour, et au moment de nous coucher. À chaque fois que je prends le temps de la chercher dans la maison pour l'enlacer, je marque un point de plus. Huit points juste pour ces quatre câlins. Cela en vaut la peine, non ?

Et si je m'intéresse à sa journée, je peux facilement marquer dix points supplémentaires. Chaque question montre que je connais son emploi du temps et me permet de marquer un point. Des questions précises permettent de marquer un plus grand nombre de points. « Comment s'est passée ta journée ? » est trop général. « As-tu pu obtenir ce que tu souhaitais à la réunion marketing d'aujourd'hui ? » montre un véritable intérêt. Bien sûr, l'homme marque aussi des points si la question est générale, mais prouver qu'il se souvient des rendez-vous de sa femme chez le docteur ou d'une présentation lors d'un déjeuner d'affaires lui permet d'en marquer davantage. Des appels téléphoniques au cours de la journée pour s'enquérir de l'issue d'une réunion sont très rentables en termes de points féminins.

Un homme marque plus de points si ses questions sont précises plutôt que générales.

Comme nous l'avons déjà vu, en se contentant d'écouter sa femme évoquer sa liste interminable de tâches sans tenter de l'interrompre avec une idée brillante, un homme marque un grand nombre de points. Chaque nouveau sujet abordé sans interruption correspond à un point dans l'esprit féminin. Plus elle parle, plus il marque des points.

L'emmener en vacances est certainement une manière efficace de marquer quelques points, mais prévoir des vacances ou une soirée romantique à l'avance permet d'en comptabiliser davantage, parce qu'elle dispose de plus de temps pour s'y préparer et imaginer combien cela sera génial. Avant même de partir, chaque fois qu'elle en parle à une amie, il marque un point. Lorsqu'elle se rend dans un magasin en vue de ce voyage, c'est un point pour lui. Il marque trente points dans la préparation seule du voyage, il en totalise encore lorsqu'elle se remémore le voyage, en montrant les photos à une amie.

Voici une autre façon très simple de gagner des points : aller vers elle en premier quand il rentre à la maison, ou interrompre, au retour de sa compagne, l'activité qui l'occupait pour la prendre dans ses bras. Il marque un point pour le câlin, un point pour y avoir pensé, et un autre point pour avoir interrompu son activité du moment, car il exprime le message qu'elle prime sur le reste de sa vie.

Quatre câlins par jour est une façon très facile de marquer beaucoup de points avec une femme.

Dans le même ordre d'idées, tout signe de galanterie, tel qu'ouvrir une porte pour une femme, est une manière de lui témoigner son respect. Bien sûr, une femme est tout à fait capable d'ouvrir une porte elle-même. Mais lorsqu'un homme s'en charge, ou qu'il se place sur le trottoir du côté de la rue, afin de la protéger des voitures, il marque aussi un point. Il en est de même chaque fois qu'un homme s'acquitte d'une tâche ennuyeuse, salissante ou dangereuse. Cela ne signifie pas qu'une femme devrait éviter ce genre de corvée, mais simplement que si l'homme le lui propose il marque plus de points.

Quand un homme offre de porter un objet lourd, de vider la poubelle, de monter les valises, de conduire la voiture, d'aller chercher quelque chose, de réparer l'ordinateur, de changer une ampoule ou de déboucher l'évier, sa partenaire ressent une bouffée hormonale bienfaitrice. Une femme est très sensible à ces gestes attentionnés qui, en s'additionnant, lui permettent de se sentir aimée et protégée.

Chaque fois qu'un homme propose son aide, il marque un point pour y avoir simplement pensé.

Un homme responsable de l'entretien du garage marque un point pour chaque nettoyage. Mais si le réservoir d'ocytocine de la femme est presque à sec, les efforts masculins passeront à peu près inaperçus. Par contre, s'il offre son aide au-delà de ses responsabilités habituelles, il marquera davantage de points.

Les démonstrations de tendresse et les compliments sont aussi des stimulants puissants d'ocytocine. Un homme qui prend le temps d'admirer sa beauté la touche. Il peut avoir l'impression de l'avoir déjà complimentée des centaines de fois... mais une femme ne s'en lasse jamais.

Montrer de la tendresse et complimenter une femme l'aident à élever son niveau d'ocytocine.

Un homme qui fournit beaucoup d'efforts pour atteindre un objectif apprécie, nous l'avons observé, que ses tentatives soient remarquées. C'est assez comparable à ce que ressent une femme quand on la complimente sur son apparence. Elle a investi beaucoup d'énergie pour paraître jolie, et c'est important pour elle que son compagnon le remarque et le souligne. Même si la mode ne le passionne pas, prendre le temps d'y prêter attention lui permettra de marquer des points.

Quand elle parle, il peut aussi se rapprocher d'elle et lui toucher la main. C'est un geste banal et naturel, mais il permet de marquer deux points supplémentaires. La tendresse revêt plus d'importance aux yeux des femmes qu'à ceux des hommes, car elle a des incidences sur la production d'ocytocine.

Quelques idées à destination des hommes qui souhaitent contribuer au bien-être hormonal de leur partenaire.

La plupart des hommes n'ont aucune idée de la façon de combler les besoins émotionnels féminins. À défaut de connaître l'importance de l'ocytocine, ils peuvent conclure qu'il s'agit d'une mission impossible. Pourtant, soutenir une femme se révèle assez simple quand on accorde de l'importance aux petits gestes.

Voici quelques idées pour accroître le taux d'ocytocine d'une femme. En adoptant une seule d'entre elles, on peut déjà constater un changement majeur. Les femmes adorent être traitées avec égards. Un homme qui s'attelle à prouver qu'il pense à sa partenaire attisera la flamme et en sera fier.

1. Lui préparer le thé ou le café pour le petit déjeuner, et notamment pendant les week-ends.
2. Lui laisser un petit mot d'amour.
3. Lui offrir une rose unique, avec une longue tige.
4. Remarquer sa nouvelle tenue.
5. Lui tenir la porte.
6. Préparer un pique-nique surprise.
7. Proposer une promenade dans la nature.
8. Lui dire qu'elle est aussi jolie que le jour où ils se sont rencontrés.
9. La prendre dans ses bras quand ils se lèvent tous deux.
10. La prendre dans ses bras avant de partir travailler.
11. La prendre dans ses bras au retour du travail.
12. La prendre dans ses bras avant d'aller dormir.
13. Vider le lave-vaisselle sans qu'elle le demande.
14. Remarquer qu'elle est allée chez le coiffeur et la complimenter.
15. Lui ouvrir la portière de la voiture – au moins en l'emmenant au restaurant.
16. Acheter des billets pour un concert ou une pièce de théâtre auxquels elle a envie d'assister.
17. Prendre ensemble des cours de danse.
18. Aller danser avec des amis.
19. L'encourager à s'amuser avec ses amies.

20. Engager un coach sportif et s'entraîner avec elle.
21. Allumer un feu les jours pluvieux ou froids.
22. Planter dans un coin du jardin un espace de fleurs uniquement pour elle.
23. Lui offrir des herbes aromatiques dans une jolie jardinière à poser sur le rebord de la fenêtre de la cuisine.
24. Lui proposer d'assumer une charge fatigante dans la cuisine.
25. Enregistrer sur un CD toutes ses chansons préférées.
26. Se faire un massage mutuel.
27. Apprendre à lui faire des massages (sans arrière-pensée sexuelle).
28. Lui masser les pieds quand elle est fatiguée.
29. Lui offrir un abonnement à un magazine qui l'intéresse.
30. L'emmener à une exposition artistique.
31. Lui offrir une jolie photo de couple encadrée pour son bureau.
32. Prendre de nouvelles photos d'elle pour son propre bureau.
33. Lui faire la surprise de préparer un petit déjeuner vraiment délicieux avec du pain frais et une salade de fruits pour le week-end.
34. Lui offrir une sélection de thés et cafés exotiques.
35. Conduire sa voiture au lavage automatique ou la laver lui-même.
36. Laver les casseroles après le repas et les ranger à leur place.
37. Lui offrir un bon pour une manucure.
38. Lui offrir des sous-vêtements affriolants.
39. L'emmener à une brocante.
40. Lui demander si elle veut qu'il s'arrête sur le chemin du retour pour acheter quelque chose.
41. L'aider à ranger les courses.
42. Lui dire qu'il l'aime.

43. L'emmener manger une glace un soir d'été.
44. Lui acheter le dernier roman de son auteur préféré.
45. Lui proposer de plier le linge.
46. Lui offrir un petit téléviseur ou une radio pour la cuisine.
47. Lui offrir une sélection d'huiles essentielles relaxantes.
48. Lui proposer de déposer ou de passer prendre les vêtements au nettoyage à sec.
49. L'emmener faire un tour à vélo.
50. Louer des comédies romantiques en DVD.
51. Lui préparer un petit déjeuner au lit avec les enfants.
52. Mettre la table pendant qu'elle cuisine.
53. Lui envoyer un message pour lui dire qu'elle vous manque.
54. L'emmener faire de la voile, du canoë ou une promenade en barque.
55. Mettre vos chaussettes sales dans le panier à linge.
56. L'emmener à un musée.
57. Proposer d'aller dîner au restaurant avec ses parents à elle.
58. Lui offrir de jolis savons d'invités.
59. Jouer au tennis ensemble.
60. Faire le lit de temps à autre.
61. Encadrer certaines photos de vacances ou lui constituer un album sur Internet.
62. Enregistrer une vidéo lors de l'anniversaire de chacun des enfants.
63. L'emmener à une exposition canine.
64. Lui offrir un CD de méditation.
65. Lui poser des questions sur sa journée en se souvenant de détails bien particuliers.
66. La complimenter sur son bon goût.
67. L'emmener déjeuner.
68. Changer une ampoule sans qu'elle ait à le demander.
69. Ranger la maison quand des amis sont attendus.

70. Lui proposer d'aller cueillir des pommes ou des fruits rouges.
71. Sortir ensemble régulièrement.
72. L'emmener faire un tour à la campagne.
73. Lui prendre la main au cinéma (pas pendant tout le film).
74. La remercier de vous aimer.
75. Jouer aux cartes avec d'autres couples.
76. La complimenter sur le plat qu'elle vient de préparer.
77. Écouter les messages du répondeur et les noter.
78. La complimenter pour tout ce qu'elle fait si bien.
79. Se souvenir de ramasser régulièrement ses propres affaires qui s'empilent à côté du lit.
80. Lui offrir des huiles et des sels de bain coûteux.
81. La complimenter sur la beauté de la maison.
82. Prendre en charge le dîner une fois par semaine.
83. Lui dire qu'elle est belle quand elle sort de la douche.
84. Lui demander d'établir la liste de tout ce qu'il pourra réparer dans la maison au cours du mois.
85. Servir les boissons quand ils reçoivent des amis à dîner.

À la lecture de cette liste, il vous viendra certainement d'autres idées susceptibles de faire plaisir à votre partenaire. Amusez-vous bien. Et souvenez-vous : rien n'est insignifiant.

Les nuances de la comptabilité féminine

Une femme ne se contente pas de tenir la comptabilité des actes de son partenaire, elle tient aussi compte des efforts qu'elle consent pour lui. Voilà pourquoi une femme peut manifester du mécontentement alors que son partenaire vient de se montrer serviable à son égard. Elle a le sentiment d'en avoir accompli davantage, ce qui annule, dans l'esprit féminin, les points qu'il aurait dû marquer. La situation aboutit à cette impasse quand les scores atteignent 33 à 3.

Nous l'avons vu, l'homme commence par marquer trois points : un point pour son départ au travail, un point pour son retour et un point pour sa fidélité. Elle s'alloue les mêmes trois points et en ajoute trente pour toutes les tâches le concernant, qui figurent sur son interminable liste. Lorsqu'elle cuisine un plat qu'il aime, elle s'attribue un point. Quand elle ramasse son pull dans la chambre, un point. Même quand elle s'inquiète à son sujet, elle s'accorde aussi un point. Les femmes sont expertes dans l'art de s'attribuer des points.

Quand vient le soir, si elle s'est compté trente-trois points alors qu'il n'a atteint que les trois points de base, elle reconsidère sans y penser le résultat. Elle est à trente-trois et lui à trois, donc elle soustrait ses trois points à lui de ses trente-trois points à elle pour qu'ils arrivent tous les deux à zéro et puissent recommencer un nouveau score. Quand il entre à la maison, il est à zéro. Lorsqu'une femme est sur ce mode calculatoire, j'appelle cela *le rhume du ressentiment*. Elle a le sentiment que les efforts mutuels pour soutenir l'autre sont déséquilibrés.

Quand une femme est habitée par le ressentiment, elle perd la capacité de reconnaître les points marqués par son partenaire.

S'il ne se décourage pas et continue à la soutenir par des gestes attentionnés, les totaux s'équilibrent et elle se sentira plus heureuse.

Il existe une autre affection, plus aiguë : *la grippe du ressentiment*, qui apparaît en cas de déséquilibre des scores et de sécheresse du réservoir. À ce stade, rien de ce qu'il pourra essayer ne produira le moindre effet. Avant de pouvoir comptabiliser les points de son partenaire, la femme atteinte de cette grippe doit absolument agir pour remplir son réservoir d'ocytocine.

Quand une femme est profondément stressée, aucune initiative masculine ne produira d'effet.

La grippe du ressentiment empêche la femme de tenir compte des points qu'il marque, mais l'incite aussi à retirer des points du compte de son conjoint à chaque erreur commise ou même chaque fois qu'il omet de satisfaire ses attentes non formulées. Au contraire, lorsque sa réserve hormonale est pleine, elle n'éprouvera plus aucune difficulté à accorder des points à son partenaire lorsque ses actes ont des répercussions positives sur sa vie. Imaginons qu'il soit simplement affalé dans le canapé à regarder les actualités. Elle pense que c'est grâce à sa présence qu'il peut goûter tout ce confort. Au lieu de lui retirer des points, elle peut, en de tels moments, lui en allouer pour une tentative qui ne correspond pas exactement à ce qu'elle attendait ou espérait. Elle retrouve l'état d'esprit qui l'animait au début de leur histoire, alors qu'elle appréciait chacun de ses gestes.

Une femme dont le réservoir est pratiquement plein accordera des points à son partenaire pour chacune de ses tentatives.

Ce changement ne peut intervenir que si la femme cherche du soutien par elle-même et n'attend pas que son partenaire soit la source principale de son bien-être. Les points d'un homme n'auront d'effet que si la femme prend le temps de remplir son réservoir indépendamment de son partenaire.

Un homme peut combler une femme à 10 % seulement, le reste relève de la responsabilité féminine.

Un autre aspect distinguant le calcul féminin du masculin concerne le goût de la victoire propre aux hommes. Si son score est plus élevé, un homme se voit en gagnant et prend plaisir à se reposer et se détendre. Si la femme marque plus de points, elle a le sentiment d'avoir perdu. À ce jeu, elle ne souhaite pas gagner.

L'IMPORTANCE DE LA PAROLE

Au cours des trente ans de ma carrière thérapeutique, j'ai remarqué qu'en invitant les femmes à évoquer leur liste de tâches à accomplir et à exprimer les sentiments liés à leur quotidien, un étrange phénomène se produisait : leurs soucis s'évaporaient au cours de la séance. Le stress se rapportait davantage à leur ressenti qu'à ce qui figurait effectivement sur cette liste.

En énumérant les multiples tâches dont une femme doit se charger, son besoin compulsif d'en faire toujours plus disparaît pour l'autoriser à s'occuper davantage de ses propres désirs. Nous avons appris (chapitre 2) que les cerveaux féminins comportaient des centres de la parole en nombre plus important que ceux des hommes. En fait, les femmes prononcent une moyenne de 20 000 mots par jour, alors que les hommes n'en prononcent que 7 000. Les cerveaux des femmes sont conçus pour un usage plus intensif de la parole, et partager leur ressenti en discutant aide les femmes, nous l'avons vu, à se détendre. Si elles peuvent parler sans objectif particulier, elles se sentiront tout de suite mieux.

Bavarder sans avoir de problème à résoudre peut provoquer des changements importants chez une femme.

Elle éprouve une plus grande sérénité lors de la montée de son niveau d'ocytocine, bien qu'aucun de ses problèmes n'ait été résolu ou même rayé de la liste.

Prendre le temps de bavarder avec son partenaire sans objectif particulier aide une femme à réduire considérablement son stress, mais cela ne suffit pas. Il faut se souvenir des générations passées. Les femmes se réunissaient entre elles une bonne partie de la journée, et produisaient naturellement l'ocytocine nécessaire. Le travail féminin qui existait alors les voyait généralement entourées d'un groupe de femmes accomplissant la même tâche. Aujourd'hui, la plupart des problèmes auxquels sont confrontées les femmes dans leur vie professionnelle ne comportent pas ce soutien féminin. Il est crucial que les femmes adoptent cette nouvelle optique : qu'elles se chargent des 90 % de leur bonheur et laissent leur partenaire assumer les 10 % restants. Elles éprouveront moins de ressentiment envers celui-ci, et lui permettront de mieux les soutenir. Elles seront plus heureuses, et lui aussi.

CHAPITRE 6

Monsieur « J'ai la solution » et Madame « On peut faire mieux »

Les hommes ont besoin d'un espace de solitude, et les femmes éprouvent du soulagement à se rapprocher de leur partenaire. Nous connaissons à présent les raisons biologiques expliquant ces comportements opposés. Dans mes ouvrages précédents, j'ai eu recours à la métaphore de la grotte pour illustrer le besoin masculin de solitude. Un homme éprouve la nécessité de s'y retirer pour réapprovisionner sa réserve de testostérone, trop basse au terme d'une journée stressante. Une femme cherche à partager, échanger et communiquer, alors qu'un homme a besoin, pour récupérer, d'espace pour choisir des activités plaisantes et ressentir qu'il contrôle la situation.

Les femmes ignorent cette envie de se retirer, puisqu'elles ne l'éprouvent pas. Selon les études, le niveau de testostérone nécessaire à un homme pour évacuer son stress est trente fois supérieur à celui d'une femme. Aux yeux des femmes, les hommes sont des extraterrestres... des Martiens !

Les hommes ont besoin de trente fois plus de testostérone que les femmes pour gérer leur stress.

Les femmes, elles, cherchent à se rapprocher de leur partenaire pour retrouver la paix de l'esprit, et non à s'en éloigner. Il faut reconnaître que les femmes s'isolent aussi parfois, afin de prendre un peu l'air et d'oublier les tracas du quotidien. Cela leur donne l'occasion de s'occuper d'elles, ce qui élève leur niveau d'ocytocine et leur permet de se détendre. Mais prendre ses distances n'est pas aisé pour toutes. Certaines s'inquiètent à la seule idée de ce qui pourrait survenir en leur absence si elles partaient respirer des roses.

Dans les milieux professionnels très stressants, les femmes occupant des fonctions à responsabilité, à qui il est demandé d'opérer quotidiennement des choix décisifs, ressentent la même nécessité « masculine » de se retirer dans leur grotte le soir. À leur retour, elles devront se réapprovisionner à la fois en testostérone et en ocytocine. Leurs besoins seront successivement de se retirer dans leur grotte puis de se connecter à leur partenaire.

Les femmes que leur travail conduit à produire beaucoup de testostérone ressentent le besoin de prendre leurs distances puis de se rapprocher de leur partenaire.

Le stress non évacué empêche les femmes de se détendre ; il réduit aussi leur taux de fertilité, tout en augmentant les risques de maladies, comme nous l'avons déjà souligné. J'ai souvent constaté que certaines femmes subissaient des cycles désordonnés ou ne parvenaient pas à concevoir, faute d'avoir pu éliminer le cortisol produit au cours de leur quotidien professionnel. On a constaté un accroissement des problèmes de fertilité durant les quinze dernières années, ce qui suscite des préoccupations supplémentaires pour de nombreux couples.

Les femmes carriéristes parviennent souvent à s'isoler ou s'adonnent intensément à un sport comme le jogging ; mais elles éprouvent quelque difficulté à prendre soin de leur côté vénusien par des activités bénéfiques pour leurs hormones féminines. J'ai vu de nombreuses femmes vaincre leur infertilité en s'adonnant davantage à ces activités, ou en travaillant sur leur psychisme et leur nutrition. Dans mon ouvrage *Mars et Vénus au régime*, j'aborde le thème du nettoyage cellulaire, qui permet aux femmes de mieux approvisionner leur stock d'ocytocine.

Alors que les femmes surmenées ont du mal à prendre du temps pour elles, les hommes qui subissent une tension continue ne consacrent qu'avec difficulté du temps aux autres. Les femmes aimeraient retrouver le soir une ambiance familiale, où chacun collabore en bavardant, alors que pour les hommes ce climat n'a pour effet que d'épuiser le peu d'énergie qui leur reste. Le désir féminin de partager et de passer du temps ensemble ne peut être comblé par un homme que lorsqu'il a pu auparavant relâcher la pression. Il est alors heureux de pouvoir lui faire plaisir en passant un temps agréable à échanger, partager et communiquer.

Monsieur « J'ai la solution » et Madame « On peut faire mieux »

Les hommes éprouvent le besoin naturel de communiquer d'une façon qui contribue à réduire leur niveau de stress. Ils n'ont pas du tout conscience que cette forme de communication produit l'effet inverse sur la tension de leur partenaire. Nous l'avons déjà vu, un homme surmené souhaite résoudre le problème qui le préoccupe ou le chasser de son esprit. Une femme, confrontée à ce fonctionnement masculin, se convainc que son conjoint ne comprend pas ce qu'elle exprime. Elle le juge froid et sans cœur. Voici quelques exemples concrets de réponses d'un homme qui pense « régler le problème » quand il s'est coiffé de sa casquette « J'ai la solution »...

- Ne t'inquiète pas !
- Ce que tu devrais faire, c'est...
- Laisse tomber...
- Ce n'est pas très important.
- Ce n'est pas comme cela que ça s'est passé.
- Ce n'est pas ce qu'il voulait dire.
- Tu attends trop de lui.
- Tu dois accepter les choses comme elles sont.
- Allez, ne te mets pas dans tous tes états.
- Tu ne dois pas accepter qu'ils te parlent comme ça.
- Tu n'as pas à faire ça.
- Calme-toi.
- Ne les laisse pas t'atteindre comme ça.
- C'est facile, dis-lui juste...
- Tout ce que tu dois faire, c'est...
- Fais une croix dessus. Tu as fait tout ce qui était possible.
- Ce n'est pas si grave.
- Ne prends pas ça tellement à cœur.
- Tu dois un peu t'endurcir.

Ces réponses sont acceptables entre Martiens, mais paraissent blessantes aux yeux d'une Vénusienne. Dans certains cas, une femme éprouve le besoin de consulter un Martien afin qu'il l'aide concrètement à résoudre un problème. Ce type de réponse pourra alors lui convenir. En revanche, si elle se sent bouleversée et recherche du soutien et une oreille compatissante, ces remarques lui sembleront condescendantes : elle aura la certitude de ne pas être comprise. Au lieu de chercher une solution, l'homme peut se contenter d'écouter, de lui poser des questions et d'émettre quelques mots compatissants, comme dans l'exemple ci-dessous.

Julie s'effondre sur le canapé à côté de son mari, Nicolas, et laisse tomber ses chaussures.

Il pose le magazine qu'il lisait.

– Bonjour mon amour, susurre-t-il en passant son bras autour de ses épaules. Comment s'est passée cette présentation ?

– Ça ne se voit pas ? (Elle s'affale contre lui.) Je me suis fait battre à plate couture.

– Qu'est-ce qui s'est passé ?

– D'abord, mon patron n'a cessé de me bombarder de questions.

– Oh non...

– Et je connaissais les réponses, je m'étais vraiment bien préparée !

– Tu es tellement bien organisée, l'encourage-t-il.

– Mais ses questions ont bousillé le rythme de la présentation, continue-t-elle, et j'ai manqué l'effet que je voulais produire.

– C'est vrai ? compatit Nicolas.

– Oui, cela m'a déstabilisée. Chaque fois que j'arrivais à une conclusion intéressante, Simon ajoutait quelque chose, comme si nous étions en compétition et non du même bord. C'était vraiment frustrant.

– J'imagine.

– Je vais devoir lui en parler, mais d'abord j'ai besoin de me calmer un peu.

– Bonne idée.

– Bon, et c'est vrai qu'il m'a complimentée devant les clients.

– Et qu'en pensent tes collègues ?

– Martine est venue prendre le café dans mon bureau et m'a dit qu'elle s'en était rendu compte, mais qu'elle trouvait que Simon avait l'air plutôt ridicule. Michel est juste passé me dire que j'avais assuré sur la présentation.

– Tu es vraiment pro... et vraiment belle aussi !

Julie rit.
– Merci Nicolas, tu es assez mignon toi-même !

Bien que le cerveau masculin de Nicolas lui ait enjoint de trouver une solution ou de lui faire remarquer son émotivité, il a respiré un grand coup et lui a accordé l'occasion de s'exprimer.

Alors que sa nature l'incite à proposer de résoudre le problème, un homme doit se contenter de demander : « Raconte-moi tout. »

C'est grâce à sa présence, son attention et sa bienveillance que Julie est parvenue à exprimer son ressenti et à évacuer la pression. Si Nicolas avait revêtu le costume de Monsieur « J'ai la solution », cela ne l'aurait nullement aidée.

Les femmes admirent les hommes capables de garder leur sang-froid. Elles apprécient aussi qu'un homme puisse les aider à réparer les pots cassés. Mais elles ne veulent pas se sentir « réparées » quand elles sont submergées par les émotions. Le comportement masculin apparaît alors comme le signe d'un rejet de leur nature féminine. Une femme assurée d'être écoutée et comprise éprouve immédiatement du réconfort.

Les hommes et les tâches domestiques

Nous l'avons vu, les hommes réussissent mieux dans les tâches qui influent sur leur niveau hormonal. Les objectifs particuliers les stimulent davantage que les tâches routinières. Dans le ménage, les hommes peuvent réaliser des prouesses lors de projets clairement définis, avec un début et une fin marquées. Cela leur ôte le sentiment d'être contrôlé ou dirigé par leur partenaire. Ils n'ont plus à dépendre d'elle pour prendre les décisions. Se sentir redevable épuise l'énergie d'un homme. Bien qu'il ne souhaite pas contrôler sa partenaire, il éprouve la nécessité de se sentir libre d'agir comme il l'entend. C'est un autre aspect de ce besoin d'espace que ressentent les hommes ; ils aiment effectuer le travail à leur manière.

De temps à autre, un homme peut apprécier les activités où l'on collabore, et qui jouent sur la production d'ocytocine, mais elles n'auront pas d'effet positif sur sa testostérone. Les hommes ont tendance à ne pas se montrer très motivés pour les corvées routinières comme la lessive, les courses, la cuisine et le nettoyage. Quand les hommes s'y intéressent, c'est souvent à leur manière, afin de produire de la testostérone et de se sentir responsable.

Quand mon épouse et moi nous rendons au marché, j'assume le travail bien défini de régler les courses, de tirer le Caddie et de porter les sacs lourds. De même, quand j'aide à la vaisselle, j'aime m'installer devant l'évier et laver les plats qui me sont apportés, pendant que d'autres les essuient et les rangent. En effectuant une tâche bien précise sans devoir consulter mon épouse, je ressens plus d'énergie. Si je dois la questionner sans cesse sur le sort qu'elle entend réserver aux reliefs du repas, c'est un peu fatigant, et un homme préfère accomplir le travail seul s'il est déjà fatigué.

L'homme ressent plus d'énergie si une tâche lui est dévolue, sans qu'il ait de décision à prendre ou qu'il doive consulter sa partenaire.

Les hommes sont souvent ravis de se charger des petites choses qui n'impliquent pas de « prendre soin » de quelqu'un. En gros, ils sont contents de réparer ce qui est cassé. « Réparer » élève grandement le taux de testostérone, alors que « prendre soin » élève le niveau d'ocytocine. Dans la maison, d'autres tâches influent sur la testostérone, notamment ce qui concerne l'électronique, ou la conduite automobile pendant les longs voyages, l'accompagnement des enfants à leurs activités, le rangement du garage et du jardin, vider la poubelle ainsi qu'assumer d'autres corvées salissantes, porter de lourdes boîtes, fixer la gouttière, tondre la pelouse, rentrer les courses, peindre, réparer la plomberie, remettre les choses en état après des dégâts des eaux ou autres désastres, réparer les fuites et s'assurer qu'il n'y a pas de danger. La femme doit savoir qu'à chaque fois qu'elle demande ce genre de tâche à un homme, il se sent plus proche d'elle, car il a réussi à lui faire plaisir.

Madame « On peut faire mieux » souhaiterait que son homme partage toutes les responsabilités de la maison. L'homme peut accepter, mais à ses yeux le partage ne revêt pas forcément la même signification que pour sa compagne. Dans l'esprit féminin, collaborer signifie qu'on décide ensemble ce que l'on va accomplir, alors que pour un homme le partage implique qu'il dispose de suffisamment d'espace pour faire ce qu'il souhaite et au bon moment pour lui. Les femmes ignorent cette façon d'appréhender le travail, car leur timing et leurs priorités diffèrent. Pour lui, le repos et la détente revêtent autant d'importance que le ménage de la maison. Le travail routinier peut être remis à plus tard jusqu'à ce qu'il apparaisse comme une urgence à ses yeux. S'il aime réparer ce qui est cassé ou conduire quelque part, c'est parce qu'il le perçoit comme une petite urgence qui stimule son cerveau en lui enjoignant d'agir.

Quand un homme aide dans la maison, ce n'est pas toujours de la façon qu'aurait choisie sa partenaire.

Un homme apprécie de secourir sa femme qui le lui demande lorsqu'elle est fatiguée ou n'y parvient pas. Mais attendre de lui qu'il assume tous les jours les mêmes taches répétitives est utopique ou risque, en tout cas, de l'exténuer. C'est vrai qu'hommes et femmes se complètent bien : elle n'est pas fatiguée par la routine, alors que la répétition épuise un Martien. En revanche, les urgences et les problèmes importants drainent l'énergie d'une femme alors qu'ils stimulent un homme.

Pour les tâches ménagères, les hommes sont plus des sprinters que des marathoniens.

Les hommes apprécient de temps à autre de se dédier à une tâche avec leur partenaire, mais en général réaliser le travail seul leur convient davantage. Un homme se sent fier s'il aboutit à un résultat, quel qu'il soit, seul. Voilà pourquoi les hommes ne sollicitent de l'aide que lorsqu'ils ont épuisé toutes les autres options. Ils préfèrent tourner autour de l'église pendant une heure plutôt que de demander leur chemin, afin, nous l'avons souligné, de montrer leur compétence et leur capacité à y parvenir seuls. Offrir son appui à un homme qui ne le demande pas est agaçant et pratiquement injurieux à ses yeux. Les hommes interprètent les remarques de Madame « On peut faire mieux » comme des attaques personnelles, alors que, dans l'esprit féminin, il ne s'agit que de proposer du soutien.

Madame « On peut faire mieux »

Les femmes pensent soulager les hommes en leur offrant leur aide, car elles seraient ravies d'être traitées de la sorte – c'est d'ailleurs leur rêve secret. En s'aidant mutuellement, on passe plus de temps ensemble, à partager, échanger et communiquer. Et, nous l'avons vu, ces activités réduisent le stress d'une femme... mais pas celui d'un homme. Il arrive souvent qu'au cours d'un repas de famille ou d'amis, les femmes offrent spontanément leur aide pour débarrasser la table ou se charger de la vaisselle. C'est une occasion de bavarder dans la cuisine, cela rapproche les convives. Passer du temps avec sa compagne est agréable pour un homme, mais seulement après qu'il a pu libérer sa tension.

Les hommes aiment consacrer des moments à la femme de leur vie, mais seulement après avoir géré leur stress.

Une femme amoureuse a l'ambition d'aider l'être aimé à atteindre son plein potentiel. Elle déborde d'enthousiasme et d'idées pour le parfaire et enfile le costume de Madame « On peut faire mieux ».

Elle estime prouver son amour, alors qu'il ne le perçoit pas comme tel. Les hormones maternelles de la femme tournent à plein régime.

Madame « On peut faire mieux » s'intéresse à lui

Voici ce que Madame « On peut faire mieux » adressera comme type de message à son partenaire...

- Tu vas porter cette cravate ?
- Tu as mangé aujourd'hui ?
- Tu en as parlé à notre avocat ?
- Tu avais vraiment besoin d'un nouveau GPS ?
- Quand est-ce que tu vas te débarrasser de cela ?
- Ce ne serait pas le moment d'aller chez le coiffeur ?
- Tu devrais t'acheter de nouveaux tee-shirts, ceux-ci sont troués.
- Tu devrais ralentir, tu vas te faire flasher.
- Quand vas-tu ranger ce bureau ? Je ne comprends pas comment tu peux travailler là-dessus !
- Comment arrives-tu à réfléchir avec une musique aussi forte ?
- Quand vas-tu tondre cette pelouse ?
- La prochaine fois, on devrait lire les critiques.
- Tu t'es lavé les mains ?
- Tu as déjà pris un dessert.
- Tu ne te reposes pas assez.
- Tu devrais prévoir un peu plus à l'avance.
- N'oublie pas de faire les réservations.
- Ton placard est en bazar, quand vas-tu le ranger ?

Une approche plus efficace pour manifester son amour à un homme consiste à lui concéder l'espace nécessaire pour réaliser ce qu'il désire accomplir à sa manière. Au lieu de se focaliser sur ce qu'il pourrait améliorer, cherchez ses initiatives réussies et soulignez-les. Un homme ressent de l'énergie en retrouvant à la maison une femme heureuse de le revoir.

Voici un scénario idéal...

– *Ah, chouette, tu rentres tôt ce soir ! (Élisabeth embrasse son mari.) Tu travailles tellement dur ces temps-ci.*

– *Salut chérie, je suis éreinté.*
– *Oh, les vendredis sont si fatigants. Tu veux te détendre un peu pendant que je réchauffe la soupe que tu nous as rapportée hier du traiteur ? Je vais préparer une salade.*
– *Génial, je vais regarder où en est le score sur Canal Sport.*
– *Prends ton temps. Tu me diras quand tu as envie qu'on mange, je garde la soupe au chaud et la salade au frigidaire.*
– *D'accord, dit Marc, en desserrant sa cravate.*
– *Je pense que je vais essayer ce CD de relaxation que Pascale m'a prêté, il y a des exercices de dix minutes, je vais en faire un ou deux.*
– *Détends-toi bien ma chérie. Je t'adore.*

Dans ce scénario, Élisabeth permet à Marc de décompresser, lui montre qu'elle apprécie ses gestes importants ou non, et parvient à trouver une courte activité reposante, bénéfique pour son niveau d'ocytocine.

LES HOMMES ET LE SHOPPING

Le besoin masculin d'espace et le besoin féminin de proximité se retrouvent dans les façons différentes dont chaque sexe appréhende le shopping. Pour une femme, les achats de vêtements, de chaussures ou d'accessoires sont source de plaisir. Le placard d'une femme regorge de chaussures de plusieurs teintes, pour assortir à ses tenues, suivre les saisons, son humeur. Un homme se chausse en noir ou en marron, quelle que soit la saison.

Le comportement masculin dans un centre commercial est typique. L'homme qui accompagne sa femme est à la traîne, espérant arriver bientôt au bout de ses peines, cherchant un banc où s'asseoir alors que sa compagne, toute souriante et pétillante, découvre avec bonheur les dernières tendances de la mode et s'enthousiasme pour un article qui serait parfait pour leur enfant ou leur salon. Elle élève son niveau d'ocytocine, et son stress diminue ; celui de son partenaire, non. À moins d'apercevoir rapidement un café ou une boutique de lingerie, il va mourir sur place.

Les hommes qui escortent leur compagne dans les magasins sont aussi exténués que s'ils avaient traversé le désert.

Les hommes effectuent des achats et apprécient cette activité. Leur technique particulière reflète bien le fonctionnement masculin. Un homme a besoin de se fixer des objectifs concrets. Savoir où il va et identifier le but à atteindre comptent beaucoup à ses yeux. Il veut y parvenir le plus rapidement possible. Il est envoyé en mission.

Certains hommes évacuent leur stress en dépensant de l'argent. Les achats ostentatoires stimulent la testostérone, puisque l'argent symbolise le pouvoir et la réussite. Une femme se réconforte aussi par le biais de ses achats, mais pour d'autres raisons. Le sentiment de pouvoir que procure l'argent la laisse indifférente. Elle goûte au contraire cette occasion de s'offrir du temps pour elle. En se focalisant sur ses besoins et ses envies, elle oublie momentanément qu'elle doit s'occuper des autres.

Les femmes sont plus grandes consommatrices que les hommes, responsables de plus de 70 % des achats. Elles aiment épargner, mais également consommer.

Certaines femmes s'offusquent lorsque je place le shopping dans les activités qui diminuent le stress. Pourtant, le shopping entre amies peut vraiment se révéler positif pour elles. Génétiquement programmées pour l'altruisme, les femmes éprouvent parfois des difficultés à s'occuper d'elles-mêmes.

Repartir sans avoir trouvé ce qu'elle était venue chercher n'est pas stressant pour une femme, d'autres occasions se présenteront. En revanche, un homme retrouve son instinct de chasseur quand il entre dans une boutique. Il veut passer la porte, débusquer sa proie (l'objet qu'il recherche) et repartir. Une femme n'a pas toujours une idée précise de ce qu'elle souhaite acheter. Elle flâne et s'arrête sur ce qui lui plaît.

Nos habitudes d'achat reflètent incontestablement nos gènes préhistoriques de chasseurs-cueilleurs.

Les découvertes sur la véritable nature de l'autre constituent souvent une révélation pour de nombreux couples. Les frictions diminuent et l'on cesse de penser que l'autre devrait réagir différemment. On me demande souvent quelle est ma réelle compréhension des femmes, et je réponds qu'en toute honnêteté j'en apprends davantage chaque jour. Personne n'est capable de prévoir à coup sûr la réaction de l'autre. En essayant de traiter son partenaire avec le respect qu'il ou elle mérite, on apporte plus de sens à sa vie. Mieux informé sur les besoins de son partenaire, on manifeste l'amour qu'on éprouve pour lui de façon plus efficace.

CHAPITRE 7

L'anatomie d'une dispute

La susceptibilité trouve un terrain fertile dans les corps et les esprits stressés. Il n'en faut pas beaucoup pour nous faire sortir de nos gonds. Un mot de travers mal perçu et nous voilà sur le chemin de la guerre, selon le principe « combat ou fuite » inscrit dans nos gènes. L'adrénaline et le cortisol se préparent à l'action. À défaut d'avoir pu identifier les comportements typiques et naturels de chaque sexe, la dispute est proche.

Les émotions dégénèrent en désaccord, les femmes essaient d'expliquer leur ressenti, et la vision qu'elles ont de la situation, en empruntant surtout au registre émotionnel. Les hommes tentent rapidement de les calmer, de revenir à des considérations plus rationnelles et de régler le problème. Les femmes sont physiologiquement conçues pour poser des questions et discuter, alors que le fonctionnement masculin conduit les hommes à agir. Elles peuvent vite paraître hystériques, déraisonnables ou trop exigeantes, alors qu'ils sont perçus comme arrogants, rigides et froids vis-à-vis de leur partenaire.

Les femmes sont équipées pour poser des questions et discuter, alors que les hommes sont programmés pour agir.

Ces réactions naturelles ne posent aucun problème lors de réunions entre personnes du même sexe, mais risquent de provoquer des disputes en cas de désaccord avec une personne du sexe opposé. Au lieu de faire preuve de gentillesse et de bienveillance envers l'autre, on l'utilise pour se défouler des frustrations liées à des problèmes extérieurs au couple. On lui trouve des défauts, et on se montre impatient et intolérant.

Dans ce chapitre, nous étudierons les causes des disputes et ce qui conduit une discussion un peu animée à dégénérer en bataille rangée.

Les sujets de dispute

Les sujets à l'origine des disputes sont, le plus couramment, du domaine de l'argent, des projets, des responsabilités de la famille, des enfants et des relations sexuelles. Dans chacun des cas, après quelques minutes d'argumentation, la colère concerne davantage le déroulement de la discussion que le sujet initial. Cette distinction revêt une grande importance. Au lieu de se limiter à la pomme de discorde qui a déclenché la discussion, les protagonistes voient dans la conduite de leur partenaire le véritable problème à régler

Ne pas s'éloigner du sujet de désaccord initial est une approche efficace pour éviter les disputes ou résoudre les conflits.

Au cœur d'une dispute, on oublie de replacer le problème dans un ensemble. Les hommes et les femmes ont tendance à identifier la cause du conflit chacun à leur manière. Les hommes estiment que la dispute est née à la suite d'un trop-plein émotionnel de leur partenaire, alors que les femmes identifient la cause du désaccord dans la réaction de leur conjoint face au désarroi qu'elles ont exprimé. Sous l'effet de la pression, les femmes sont à fleur de peau. Le désaccord génère une forte montée émotionnelle. Un homme persuadé que sa partenaire réagit de façon disproportionnée sent émerger sa propre colère. La réaction masculine contrarie la femme, et en quelques secondes ils sont tous deux furieux sans vraiment se souvenir du sujet initial de discorde.

Vue de l'extérieur, cette dynamique paraît évidente. Mais dans le feu de l'action, on n'identifie pas ce qui se passe. À défaut de percevoir le déroulement de la dispute – qui se répète à chaque fois –, tenter d'abandonner cette habitude s'apparente à marcher sur des sables mouvants. Plus on se démène, plus la situation empire, comme l'illustre l'exemple suivant.

Axelle et Olivier lisent le journal à la table du petit déjeuner, le samedi matin. Axelle a prévu de se rendre au bureau dès qu'elle aura fini sa lecture pour rattraper un peu de retard.

– Tu as vu cette nouvelle voiture hybride ? demande Olivier en retournant le journal pour qu'Axelle la regarde.

– Tu envisages d'acheter une nouvelle voiture ? questionne Axelle avec dans la voix une pointe d'inquiétude qu'Olivier ne manque pas de remarquer.

– Peut-être, répond-il, celle-ci est vraiment intéressante.

Elle le regarde sans rien dire pendant un moment, puis le relance d'une voix mesurée :

– Et quel est le problème de ta voiture actuelle ?

– Bah, j'ai juste envie de changer.

Il prend un morceau de croissant.

– Je ne me sens pas très à l'aise avec cette idée, dit-elle en secouant la tête et en grimaçant. Nous n'avons pas mis d'argent de côté cette année.

– Ne t'inquiète pas.

– Qu'est-ce que tu insinues, quand tu dis : « Ne t'inquiète pas » ?

Axelle paraît irritée et s'énerve, ce qui horripile Olivier. Elle continue :

– Il faut bien que quelqu'un pense à notre retraite !

À cette étape de la discussion, ils ont changé de sujet. Il s'est permis un commentaire martien – « Ne t'inquiète pas » – et elle est hors d'elle. Elle se sent mise à l'écart, comme si ce qu'elle disait ne comptait pas. Sa réponse sous-entend qu'il ne se préoccupe pas de leur retraite et de leur bien-être matériel. Ils sont prêts pour la dispute.

– Je travaille dur, répond Olivier d'une voix sèche, et je mérite une nouvelle voiture.

– Mais nous avons aussi besoin d'épargner. (Axelle est prête à poursuivre l'offensive, transposant à présent le problème sur lui.) Je n'en reviens pas que tu puisses être si têtu.

– Je ne suis pas têtu, répond-il dans son langage martien. C'est toi qui fais toute une montagne de rien.

– Pas du tout. Tu ne penses qu'à toi.

Axelle a atteint la phase des critiques.

La dispute s'envenime. De la longueur de leur échange acerbe dépendra le temps nécessaire à la réconciliation. Ils peuvent éviter cette escalade en améliorant leur technique de communication. Les hommes doivent apprendre à cesser de commenter les sentiments de leur partenaire, et les femmes doivent renoncer aux remarques désobligeantes concernant les idées ou les actes de l'homme qui partage leur vie.

Comment expliquer l'escalade des disputes

Les accrochages s'aggravent au moment où l'homme, sans s'en apercevoir, nie les sentiments de sa partenaire, et que celle-ci, blessée, réagit en le critiquant. S'il ne porte pas attention à ses sentiments, elle en déduit que cela lui est égal. Elle poursuit son offensive, alors qu'il campe sur ses positions. Au lieu de se rapprocher, ils s'éloignent. L'écart augmente encore s'ils sont fatigués et blessés. Le stress prédispose à l'hypersensibilité et place chacun sur la défensive.

Le ton importe plus que les mots prononcés. Quand l'homme argumente, il veut surtout établir qu'il a raison : sa voix paraît froide et distante, comme s'il ne se sentait pas concerné par la situation. La plupart du temps, l'homme n'est pas insensible aux souhaits de sa partenaire, mais son ton détaché laisse croire le contraire. S'il parvient à ralentir la cadence et à écouter ce qu'elle exprime, le conflit peut perdre de sa virulence.

Lors d'une dispute, une femme attache plus d'importance aux émotions qui l'animent et souhaite que l'autre dévoile aussi ce qu'il ressent. Son ton de voix marque de la défiance, puis des critiques, et enfin des sarcasmes. La plupart du temps, elle a confiance dans la bonne volonté de son partenaire à réellement l'aider, mais le message qu'elle adresse dans ces moments-là ne véhicule pas sa confiance. Si elle prend le temps d'arrondir les angles en soulignant les actes positifs qu'elle a remarqués, l'enchaînement néfaste peut prendre fin.

Au cours des disputes, les hommes doivent apprendre à poser plus de questions et les femmes à réfréner l'expression de leurs émotions.

Étudions à présent comment Axelle et Olivier auraient pu éviter la dispute.

– Regarde cette nouvelle voiture hybride, dit-il.
– Tu envisages d'acheter une nouvelle voiture ?
Le ton de sa voix laisse percer l'inquiétude...
– Peut-être. Celle-ci paraît très intéressante.
– Quel est le problème de ta voiture actuelle ?
Axelle est tendue.
– J'ai juste envie de changer.
– Je ne suis pas très pour. Nous n'avons rien mis de côté cette année.
– Pas faux, dit Olivier, reconnaissant ainsi sa préoccupation. On pourrait étudier un peu les comptes. Je crois que j'obtiendrais une bonne reprise de ma voiture actuelle, et en choisissant un modèle hybride on économiserait sur l'essence.
– C'est vrai. Nous devons étudier cela de plus près, concède-t-elle. J'espère seulement qu'en plus de la dépense, nous arriverons à épargner un peu.
– Je trouve aussi que c'est une bonne idée, reconnaît-il. Mais je travaille dur et j'adorerais m'acheter une nouvelle voiture.
– Je vois bien que tu travailles dur, et ça me fait plaisir, tu sais. C'est vrai que tu le mérites. (Elle souhaite vraiment qu'il soit content.) Tu veux faire une estimation qu'on puisse regarder ensemble tout à l'heure ?

La dispute a été désamorcée parce que Olivier a respecté les arguments d'Axelle et pris ses inquiétudes en considération. Elle a été capable d'apprécier son travail, et sa nature généreuse a pu refaire surface.

Il appartient donc à l'homme de se mordre la langue alors qu'il allait dénigrer le ressenti de sa compagne, et à la femme de cesser d'envenimer la situation en exposant ses émotions par le menu. Une femme a plus de facilités à se focaliser sur le sujet de la discussion si elle n'est pas contrainte d'établir le bien-fondé de ses sentiments. Ce conseil diffère de celui généralement proposé. En thérapie, les femmes sont encouragées à exprimer leur ressenti et à explorer leurs émotions, ce qui produit un effet très bénéfique sur le niveau d'ocytocine et favorise les prises de conscience. Mais se focaliser sur ses sentiments est néfaste lors d'une dispute. Un partenaire ne dispose pas du recul et de l'extériorité d'un thérapeute. Laisser parler ses émotions lors d'une discussion revient à verser de l'huile sur un feu.

En thérapie, on encourage les gens à partager leur ressenti, mais cette pratique envenime les discussions d'un couple.

Les conseillers matrimoniaux et les auteurs d'ouvrages sur les relations de couple encouragent à communiquer davantage et à exprimer ses impressions. Ce conseil est souvent mal interprété. Dévoiler ses sentiments positifs est très efficace. Évoquer ses sentiments négatifs peut être acceptable dans un cadre sécuritaire d'écoute et de soutien, mais les couples sont souvent très éloignés de cette confiance lors d'une dispute. L'évocation des sentiments négatifs est à l'origine de la plupart des altercations.

Les discussions dégénèrent en disputes quand on commence à exprimer ses sentiments.

Le conflit évolue rapidement d'une résolution de problème à une contre-attaque. On s'accuse l'un l'autre d'être la cause du différend, et il est impossible de chercher ensemble un compromis pour le débat initial. Dans ces moments délicats, les femmes ont besoin de sentir que leur partenaire s'intéresse à leur point de vue, et les hommes doivent acquérir la conviction que leur partenaire est prête à recevoir leur soutien. Au chapitre 8, nous proposons des solutions pour désamorcer une discussion qui s'envenime en éliminant son contenu émotionnel, et au chapitre 9 comment il possible d'intégrer dans la vie à deux une habitude permettant à la femme d'évoquer ses émotions librement et en toute confiance, en dehors du cadre conflictuel.

Chacun souhaite être rassuré

On imagine souvent à tort que le partenaire a pleinement connaissance de l'amour qu'on lui voue. Les plantes requièrent une irrigation accrue en période de sécheresse, et les couples ressentent cette même nécessité d'être rassurés lors d'événements stressants ou lorsqu'ils traversent un passage familial difficile. Une femme qui doute de l'intérêt porté par son compagnon à ses propos le vit mal mais continue à s'exprimer, car telle est sa nature. Un homme affronte également des réticences à assurer écoute et présence quand il a l'impression d'être perçu comme un être froid et distant.

Les discussions dégénèrent en disputes lorsque chacun entend convaincre l'autre d'adopter son point de vue. Fort de cet objectif, on oublie alors de tenir compte des besoins et du point de vue du partenaire, qui méritent pourtant d'être entendus et respectés.

La dispute survient quand on se focalise sur la nécessité de prouver les mérites de son point de vue, en oubliant de montrer à son partenaire compréhension et appréciation.

La propension masculine à se ruer vers une solution est interprétée comme un manque d'écoute par l'esprit féminin. De leur côté, les femmes ont tendance à s'appesantir sur le sujet de discussion sans suggérer d'issue.

Assurer à son partenaire qu'on le comprend et qu'on reconnaît les mérites de son point de vue est un moyen efficace de prévenir les disputes. Il existe dans ce domaine une petite nuance : les femmes tiennent à ce qu'on souligne le bien-fondé de leurs sentiments, et les hommes à ce que leurs suggestions soient mises en avant.

Pour éviter les disputes, il est bon de prendre le temps d'assurer à son partenaire qu'on comprend son point de vue.

Un homme a à cœur d'avoir raison, et une femme attache de l'importance à ce que ses désirs soient pris en considération. Les femmes ont parfois du mal à énoncer leurs besoins. Quand elles s'y risquent, il arrive qu'elles manquent de tact ou se montrent trop véhémentes. Un homme qui le leur fait remarquer aggrave la situation.

Parallèlement, pointer les faiblesses d'un homme le met davantage encore sur la défensive. Si sa partenaire parvient à convenir que ses propos ont du sens, l'homme sera plus ouvert à un compromis.

Par exemple, elle peut dire : « C'est une bonne idée... tu veux dire que... ? » ou avoir recours aux mots suivants : « Je crois que je comprends. Tu veux dire que... ? ». Prendre le temps de reformuler les propos de l'autre se révèle très efficace.

Un désaccord lors d'une discussion entre partenaires n'est pas un débat où l'on établit la validité de son opinion en prouvant que l'autre a tort. Une dispute n'implique pas davantage de juger l'un bon et l'autre mauvais. Il ne s'agit pas non plus d'une compétition, où il doit y avoir un gagnant et un perdant.

Les disputes ne peuvent être résolues comme le seraient des débats, des procès ou des compétitions.

En cas de divergence d'opinion ou de souhaits, se comporter comme s'il s'agissait d'un débat, d'un procès ou d'une compétition nuit à l'issue de la dispute. Il faut rester au côté de l'autre. Fournir cet effort supplémentaire n'est pas facile quand le niveau de stress est élevé.

La négociation lors d'un conflit requiert beaucoup d'amour et de souplesse.

Voici trois étapes à suivre si on n'est pas du même avis...

1. Écouter le point de vue de l'autre.
2. Évaluer l'importance de ce désaccord aux yeux de chacun. Si l'enjeu n'a pas la même portée pour les deux partenaires, il est sage de céder aux besoins de celui pour lequel l'issue compte le plus.
3. Si on identifie des besoins importants chez chacun des partenaires, il faut s'efforcer de trouver un compromis.

Comment les hommes peuvent éviter les disputes

Un homme peut aisément désamorcer un conflit potentiel en se retenant d'émettre des commentaires désobligeants à propos des sentiments de sa partenaire. Inconscient de cette habitude, il lui est difficile de s'en défaire. Les mots qui blessent la femme le laisseraient indifférent. Les efforts consentis par chacun n'élimineront pas toutes les disputes mais celles-ci auront perdu leur caractère blessant et la réconciliation sera plus aisée.

LES RÉPONSES MARTIENNES

Comment aggraver la situation	Comment améliorer la situation
« Cela ne veut rien dire. »	« Attends, voyons si j'ai bien compris... tu dis que tu te sens... ? »
« Tu t'énerves pour rien. »	« Je comprends que c'est ennuyeux. Ce que tu veux dire, c'est... ? »
« Ta réaction est disproportionnée. »	« Si je comprends bien, tu te sens... »
« Arrête, c'est ridicule... »	« Attends, là je ne suis pas sûr de comprendre, tu dis que... ? »
« Ce n'est pas ce que j'ai dit. »	« Alors, tu m'as entendu dire que... »
« Ce n'est pas du tout ce que je voulais dire. »	« Pour qu'on soit bien certains d'avoir compris la même chose, tu m'as entendu dire... »
« Ce n'est pas du tout rationnel... »	« Prenons le temps de clarifier ce que tu veux. Tu te sens... tu mérites... »
« Tu ne comprends pas... »	« Je vais essayer d'expliquer autrement ce que je veux dire... »

Renoncer aux commentaires venimeux permet de clarifier les propos de l'autre. Une autre option, souvent oubliée, consiste à ralentir la cadence. L'homme qui souhaite éviter les disputes ne doit pas seulement garder pour lui ses remarques acerbes. Il lui faut aussi chercher à se rapprocher de sa partenaire, ce qui aura pour effet de réduire la tension des deux côtés.

Le rôle de l'homme revient à écouter et exprimer ce qu'il a entendu.

Les hommes éprouvent de la frustration, car ils considèrent les discussions comme une perte de temps. Cette impression de s'enliser dans le problème génère de la tension, et les conduit à se montrer plus impatients. Leur nature masculine les incite à rechercher des solutions efficaces. Une fois conscients des besoins distincts de leur compagne, il leur revient d'alimenter la discussion afin de comprendre son point de vue et de proposer un compromis. Cette voie procure aux hommes le sentiment d'avoir atteint un résultat, ce qui est bénéfique pour leur bien-être hormonal.

Il est agréable pour les femmes d'entendre leurs propos reformulés par quelqu'un d'autre.

Reformuler ce que vient de dire sa partenaire semble artificiel à première vue, mais cela se révèle efficace. La femme se sent comprise et l'homme est heureux d'avoir trouvé un premier point d'accord.

Comment les femmes peuvent éviter les conflits

Une femme désireuse d'éviter les disputes choisira d'exprimer ce qui la bouleverse à une autre personne que son compagnon. Elle trouve ainsi l'occasion d'opérer le tri dans ses sentiments, d'exprimer ses griefs et de rétablir un taux d'ocytocine adéquat. Elle est ensuite mieux préparée pour adresser une demande à son partenaire et négocier avec lui sur un mode pacifique.

Gagnée par le stress, une femme ne peut entendre l'avis de son partenaire qu'après avoir fait le tour de la question et envisagé les tenants et aboutissants, par le biais d'une discussion avec une amie. Le stress la conduit à rechercher des solutions extrêmes, l'incitant à être trop exigeante, ou à abandonner sans discuter. Quand elle a pu s'exprimer et s'est sentie entendue, une femme a de bien plus grandes capacités d'aboutir à une résolution du conflit sur le mode gagnant-gagnant.

Les femmes enveniment la dispute en posant trop de questions ou en soulignant leur ressenti avec trop d'emphase.

Les questions de la femme ont parfois pour but de sous-entendre qu'il a commis une erreur ; en se focalisant sur ses émotions, elle s'éloigne de la cause du conflit.

Plutôt que de poursuivre sur le mode interrogatif, la femme doit s'attacher à répéter dans ses propres mots les propos de son partenaire, et à s'assurer que sa compréhension n'est pas erronée ou incomplète. Ce processus conviendra aux hommes, car il permet de confirmer la légitimité de leurs arguments.

Le tableau suivant propose quelques exemples illustrant la propension féminine à s'éloigner du sujet par débordement émotionnel et souligne la véritable nature des questions qui se révèlent en fait des critiques masquées, visant à établir l'incompétence de leur partenaire. Dans la colonne de droite, vous trouverez quelques solutions pour améliorer la communication et éviter que la discussion ne dégénère en querelle.

LES DISPUTES SUR VÉNUS

Ce qui aggrave la situation...	Ce qui l'améliore...
« J'ai l'impression que tu ne m'écoutes pas. »	« Attends, ce que je voulais dire, c'est... »
« Tu ne comprends rien. »	« Je vais tenter d'expliquer autrement... »
« Je ne ressens pas la même chose que toi. »	« Merci d'avoir fait ceci.... Ce dont j'ai besoin, c'est... »
« Je ne me sens pas du tout entendue. »	« Ce qui est important pour moi, c'est... Quand... Ce dont j'ai besoin alors... »
« Comment peux-tu dire une chose pareille ? »	« Écoute, on devient blessants là. On en reparlera plus tard... »
« Pourquoi devrais-je faire... ? » ou « Tu t'attends à ce que je fasse... ? »	« Je veux être sûre de bien comprendre... Tu as besoin... »
« Pourquoi n'as-tu pas... ? »	« C'est vrai, je n'ai pas... Maintenant je comprends que tu... »
« Ce n'est pas ce que tu as dit. »	« Je n'avais pas bien compris ce que tu avais dit la première fois... Donc, tu vois les choses comme ça... »

Pour apaiser l'échange verbal, une femme doit renoncer à remettre en question les choix de son compagnon et à critiquer ses actions par des commentaires ou des questions purement rhétoriques. Il vaut mieux qu'elle paraphrase les explications de son conjoint en les tournant de façon positive. Au lieu de l'accuser de ne pas écouter, il lui faut prendre la responsabilité de s'exprimer de façon plus intelligible.

S'exprimer sans critiquer l'autre est plus facile lorsqu'on a conscience de parler des langues différentes.

Comme on ne parle pas la même langue sur Mars et sur Vénus, la femme ne peut reprocher à son partenaire de ne pas la comprendre. Au contraire, elle s'en amusera et tentera d'exposer son point de vue dans une langue plus compréhensible pour lui. En renonçant à chercher la perfection dans la façon de communiquer de son conjoint, on risque moins d'être déçu.

MÊLER SENTIMENTS ET RÉSOLUTION DE PROBLÈMES

Mêler les sentiments et la recherche de solution aggrave souvent le problème. C'est un peu comme si on cherchait à mélanger de l'eau et de l'huile. Ils ne se mêlent pas, et là réside une des causes majeures de dispute entre Mars et Vénus.

Cette distinction est cruciale si on cherche à éviter les disputes. Dès l'apparition de tension, il faut décider si l'on va adopter le mode émotionnel pour éprouver du soulagement, ou le mode rationnel, pour se concentrer sur un sujet objectif, échanger des informations afin de résoudre un désaccord et parvenir à un compromis.

Mêler sentiments et résolution de problème, cela ne marche pas.

Explorer les sentiments accordera du bien-être émotionnel à la femme, mais augmentera le stress masculin. Se focaliser sur le sujet de discorde sans égard pour les émotions qui en découlent détendra l'homme mais induit la possibilité de frustrer la femme. En présence de besoins contradictoires, il faut trouver un mode de communication convenant aux deux partenaires. Au lieu de mêler sentiments et solutions, on peut mettre sur pied deux types de conversation. Un de ces modèles a pour objectif de résoudre le problème, alors que l'autre a pour but de réduire la tension émotionnelle par le partage des sentiments, sans chercher à trouver de solution. Nous verrons comment utiliser cette technique des « conversations vénusiennes » dans les deux prochains chapitres.

Les erreurs les plus courantes commises par les femmes lors d'une dispute

Prendre conscience du rôle qu'on a soi-même joué dans la survenance d'une dispute aide à désamorcer les sentiments négatifs et à se montrer plus apte à trouver un compromis. Les femmes peuvent convenir de leur responsabilité dans le conflit en jetant un coup d'œil à la liste des erreurs le plus couramment commises. Elles abandonnent l'illusion de souffrir unilatéralement lors des disputes de leur couple. La réaction masculine de défense paraît plus justifiée quand les femmes se rendent compte qu'elles ont contribué à ce que la discussion dégénère.

1. **Hausser la voix d'un ton lourd d'émotion**
Accuser, se plaindre, se moquer, avoir recours au

sarcasme. Les femmes doivent s'efforcer de montrer moins d'émotivité.

2. **Poser des questions rhétoriques, par exemple : « Comment peux-tu dire que... »**
Il vaut mieux exprimer plus directement ce qu'elles apprécient et acceptent. Par exemple : « Je comprends et je suis d'accord avec le fait que..., mais... ».

3. **Interpréter ses propos en dirigeant la discussion sur le mode émotionnel.**
« Cela me met vraiment en colère que tu... » Lors d'une dispute, il vaut toujours mieux reformuler les paroles masculines : « Est-ce que tu veux dire que... »

4. **Généraliser et non évoquer des faits spécifiques.**
« Tu regardes toujours la télévision » ou « Nous ne passons jamais de temps ensemble ». Une femme a intérêt, si elle veut aboutir à un résultat, à exprimer son besoin de façon plus positive : « J'adorerais sortir ce soir » ou « On va se promener en ville ? »

5. **S'attendre à ce qu'un homme se comporte comme une femme dans la même situation.**
« Pourquoi ne peux-tu pas parler avec ton cœur ? » « Pourquoi es-tu si mal à l'aise avec tes émotions ? » Ce genre de critique fait fi des différences de base entre Mars et Vénus. Accepter les particularités de l'autre se révèle plus efficace : « Je sais que c'est difficile pour toi de parler de tout ça... » ou « Je sais que tu aimerais qu'on trouve une solution. »

6. **Le comparer à d'autres hommes ou à celui qu'il était dans le passé.**
« Tu étais tellement plus tendre quand je t'ai rencontré » ou « Aucun des hommes que j'ai connus ne m'a jamais dit ça... » Une femme devrait plutôt s'efforcer d'apprécier l'homme tel qu'il est : « J'adore quand tu... »

7. **Commencer une dispute lors d'un débordement de sentiments négatifs.**
« Tu ne fais jamais rien... » ou « Tu laisses toujours la vaisselle dans l'évier ». Nous verrons plus loin (chapitre 9) comment prévoir une « conversation vénusienne » quand on éprouve du ressentiment.

8. **Poursuivre sans laisser à son partenaire la possibilité d'exprimer sa vision des choses.**
C'est le comportement assez typique d'une Vénusienne emportée par ses émotions.

9. **Attendre de son partenaire qu'il améliore son humeur féminine au lieu de prendre en charge cette responsabilité.**
« Ça ne m'aide pas du tout, je ne me sens pas mieux... » À la place, elle peut chercher le moyen de se charger elle-même de ses besoins : « Écoute, je vais aller courir dans le bois, cela me détendra. »

10. **Ramener des vieilles querelles sur le tapis.**
« C'est exactement comme la fois où... » Autant éviter d'envenimer la situation en puisant dans sa mémoire émotionnelle.

11. **Refuser de pardonner tant que son partenaire n'aura pas changé, ne se sera pas excusé ou n'aura pas souffert suffisamment longtemps.**
Une perception plus claire de la nature de l'autre permettra à chacun des partenaires de manifester une plus grande générosité en amour. Attendre que son partenaire ait changé avant d'accepter d'ouvrir son cœur réduit grandement les chances de voir celui-ci évoluer un jour. Il est plus efficace de pardonner et d'exprimer ses souhaits que d'attendre passivement l'évolution de l'autre.

12. **Exiger plutôt qu'exprimer ses préférences.** « Ce n'est pas comme ça qu'on fait » ou « Tu ne devrais pas faire ça... » À la place, émettre le même message mais sous la forme d'une préférence : « Je préférerais que tu fasses cela comme ça... » ou « J'ai vu que cela marche mieux quand... Tu veux bien faire comme ça ? ».

Inutile d'attendre la survenue d'une dispute pour penser à cette liste. Afin d'éviter les querelles, pourquoi ne pas réfléchir, dans un moment de calme, à chacune des erreurs et évaluer comment vous vous conduisez vis-à-vis de votre partenaire ? Quelles sont vos erreurs les plus habituelles ? Que se passerait-il si vous pouviez les éviter ? Cet exercice de jeu de rôle mental est très efficace. Les musiciens et les athlètes ont recours à cet entraînement mental pour exercer leur inconscient à réagir spontanément d'une manière spécifique.

La liste d'erreurs féminines peut aussi aider les hommes : elle leur permet d'identifier le processus qui mène leur partenaire à commettre ces faux-pas.

Étudions à présent la liste des erreurs masculines les plus fréquentes. Elle permettra aux hommes d'améliorer la situation en identifiant quelles sont, pour la communication conjugale, les réactions bénéfiques et les réactions néfastes. Cette liste rassurera les femmes à deux titres : elles percevront leurs propres erreurs d'un œil plus tolérant : « Ma réponse paraît plus justifiée à présent que j'ai vu ce qui m'irritait dans son comportement... » Elles relativiseront aussi la gravité de leur situation de couple : changer de partenaire n'aboutirait pas forcément à une amélioration de leur quotidien puisqu'elles retrouveraient probablement aux côtés d'un autre ce qui les dérange avec l'actuel homme de leur vie.

Les erreurs les plus courantes commises par les hommes lors d'une dispute

1. **Hausser la voix ou adopter un ton de voix glacial, coupant ou distant.**
La voix des hommes, naturellement plus forte que celle des femmes, peut paraître menaçante ou effrayante lorsqu'ils l'élèvent. Les hommes ont tellement à cœur de prouver qu'ils ont raison qu'ils ne se rendent pas compte que leur ton est méprisant envers les arguments de leur partenaire.

2. **Émettre des remarques condescendantes.**
« Ne t'inquiète pas. » « Tu fais toute une montagne de pas grand-chose. » Au contraire, il faut s'efforcer de valider les sentiments de sa partenaire : « Je vois que tu t'inquiètes... »

3. **Exprimer sa frustration plutôt que chercher à calmer le jeu.**
« Ce n'est pas ça le problème... » « Pourquoi doit-on encore revenir là-dessus ? » Une reformulation sera plus efficace : « Ce que je voulais dire, c'est... » ou « Je comprends que tu doives réfléchir à ce que je te dis... »

4. **Invalider ses priorités ou ses valeurs.**
« Ce n'est pas important... » « Tu n'as pas besoin de... » Il vaut mieux dire : « Je vois pourquoi c'est important pour toi... »

5. **Invalider ses sentiments au lieu de se contenter d'écouter.**
« Tu ne devrais pas te mettre dans tous tes états. » « Ce n'est pas si grave. » Il ne remarque pas qu'il fait tout un plat du fait qu'elle en fasse tout un plat. Il vaut bien

mieux se contenter de reconnaître le bien-fondé de ses sentiments : « Je vois pourquoi tu es inquiète... »

6. **L'interrompre pour mettre fin à la discussion.** « D'accord, j'ai compris, maintenant on peut passer à autre chose. » Il vaut mieux qu'il dise : « Je crois que je comprends, tu veux dire que... C'est bien cela ? ».

7. **Tenter d'avoir le dernier mot.** « Et bien sûr, il faut de nouveau qu'on le fasse à ta façon, eh bien non. » Il est plus efficace de dire : « Je comprends que tu veuilles... »

8. **Œil pour œil, dent pour dent.** Quand elle déplore la situation, se plaindre à son tour. « Peut-être, mais regarde-toi... » ou « Ce n'est rien par rapport à la fois où tu... ». Au contraire, il doit reconnaître la légitimité de ses sentiments : « Dans ce cas, je comprends que tu sois fâchée... »

9. **Accepter mais à contrecœur, en jouant la victime.** « D'accord, je le fais. Une fois de plus tu as gagné ! » Il vaut mieux se féliciter d'être parvenus à un compromis : « Je suis content qu'on soit d'accord... »

10. **Menacer plutôt qu'exprimer ses besoins.** « On devrait penser à divorcer si tu continues à agir de la sorte. » L'homme doit exprimer ses besoins : « C'est important pour moi, j'aimerais... »

Ces erreurs surviennent couramment lors des conversations un peu animées, mais les hommes y ont aussi recours comme arme de défense quand ils se sentent agressés par les erreurs féminines courantes. Ils ont tendance à combattre le feu par le feu : « Si tu me fais ça, je te le fais aussi. »

Les relations connaissent toutes des passages délicats, surtout lorsqu'on se sent tiraillé entre les différents aspects de sa vie. On a le sentiment de devoir combattre sur tous les fronts et cela rend le quotidien du couple moins facile. Comme nous venons de le voir dans ce chapitre, les petits désaccords et les légères déceptions dérapent facilement en disputes si l'on oublie de tenir compte des besoins parfois contradictoires des membres d'une famille.

Nous avons ici étudié l'anatomie d'une dispute : pourquoi nous nous querellons et quelle en est la cause réelle. Dans le chapitre suivant nous verrons comment mettre fin à une dispute et parvenir à la réconciliation.

CHAPITRE 8

Comment mettre fin à une dispute et se réconcilier

Émilie et Nathan discutent de leurs prochaines fêtes de fin d'année, mais l'échange tourne rapidement à la dispute.

– Cela fait trois ans qu'on passe Noël dans ta famille, se plaint Émilie avec un ton de reproche dans la voix. J'adore Noël, j'ai vraiment envie de le fêter avec ma famille.

– Mais ils habitent tellement loin, et tout ça juste pour un repas, proteste Nathan. C'est un cauchemar.

– On n'a jamais dit que dorénavant on passerait chaque Noël dans ta famille.

– C'est ridicule. Pourquoi en fais-tu toute une montagne ? demande-t-il.

– On ne peut pas pour une fois changer nos habitudes ? Ce que tu es rigide ! dit Émilie, commençant à critiquer Nathan.

– Pourquoi cela compte-t-il tellement pour toi ? interroge Nathan avec agacement. Il est seulement question d'une dinde, et ma mère la cuisine mieux.

– Comment peux-tu dire une chose pareille ? Je n'en reviens pas.

Émilie est blessée, au bord de l'explosion.

– Et puis ta famille est trop bruyante, renchérit Nathan.

– Au moins mes parents nous aiment tous les deux, rétorque Émilie.

– Ça veut dire quoi, ça ?
– Si tu me cherches, tu peux me trouver !
– Tu sais, je crois que je vais laisser tomber et retourner lire mon livre.
Nathan quitte le salon.

Les fêtes familiales sont toujours riches en émotions, et l'occasion de disputes pour nombre de couples. Il faut reconnaître que, dès le début de l'échange, Émilie s'est engagée dans le registre émotionnel, et Nathan s'est montré peu à l'écoute et condescendant. En percevant la critique, il a contre-attaqué par des mots blessants. Émilie a alors eu recours à la provocation et Nathan a eu la sagesse de ne pas poursuivre.

PRENDRE DU RECUL POUR ÉVITER LES DISPUTES

La discussion peut aplanir les conflits, mais interrompre les échanges est une approche encore plus efficace. Quand la tension monte, instaurer une trêve est salutaire.

Comme Nathan dans l'exemple ci-dessus, les hommes prennent souvent l'initiative de se retirer, en cas de dispute. Leurs hormones les conduisent, nous l'avons vu, à adopter, en cas d'attaque, une réponse de « combat ou fuite ». Les femmes ne sont pas programmées ainsi : leur réaction naturelle consiste à parler davantage. Quand la tension et le ton de voix montent, la meilleure stratégie consiste à remettre la conversation à plus tard, quand les émotions de chacun des protagonistes ont eu le temps de retomber.

Les hormones d'un homme le programment à « combattre ou fuir ».

Pendant ce cessez-le-feu, il est bon que l'homme s'adonne à une activité plaisante et que la femme trouve une personne, autre que son partenaire, avec laquelle parler. C'est très important. Parfois, alors que les hommes s'éloignent, les femmes les poursuivent en les harcelant de questions, avec pour seul résultat d'aggraver la situation. Un homme ne devrait pas être contraint de répondre à ces questions. Il doit simplement s'éloigner. S'il a besoin de prononcer quelques mots, il peut se contenter d'expliquer qu'il a besoin de solitude pendant un moment.

Pendant cette période de repli, une femme a intérêt à trouver une personne avec qui parler, autre que son partenaire.

Pour annoncer cette période d'arrêt de jeu, l'homme ou la femme peut avancer une courte explication polie et neutre, puis s'éloigner et cesser l'échange. Il est bon de quitter la pièce. La tension va immédiatement commencer à décroître.

Vous trouverez dans le tableau suivant ce qu'il faut dire et ne pas dire pour annoncer qu'on souhaite recourir au « Pouce ! » qui interrompait le jeu dans notre enfance.

COMMENT ANNONCER UN REPLI STRATÉGIQUE

Ce qu'il ne faut pas dire	Ce qu'on peut dire
« Tu es irrationnelle. Je ne peux pas parler avec toi. »	« Tu as le droit d'être contrariée. Je dois réfléchir à ce que tu m'as dit et on en reparlera plus tard. »

« C'est une perte de temps, je ne veux pas en parler. »	« J'ai besoin de temps pour digérer tout ceci, tu es d'accord pour qu'on en reparle tout à l'heure ? »
« Écoute, je n'en peux plus, tu es trop têtu. »	« J'ai envie d'en discuter davantage, mais d'abord je dois prendre du recul. »
« Tu n'écoutes pas un mot de ce que je dis. Personne ne peut parler avec toi. »	« Tu as raison. Je dois y réfléchir et puis on en reparlera. »
« Tes paroles sont blessantes ! Je n'arrive pas à croire que tu me dises une chose pareille. »	« J'ai peur qu'on dise des choses qu'on regrettera par la suite. Je vais me promener et puis on y reviendra. »

Après avoir annoncé votre besoin de prendre du recul, si votre partenaire vous suit et continue à vous poser des questions, vous avez le droit de faire preuve de fermeté, et de répéter : « J'ai besoin d'y réfléchir et puis en on reparlera. »

La plupart des femmes ne discernent pas l'importance de cet arrêt de jeu, mais commencent à l'apprécier bien plus après l'avoir expérimenté. Les femmes qui méconnaissent les habitudes martiennes ne devinent pas que leurs propres émotions suscitent une telle réaction d'agressivité chez leur partenaire, le poussant à sortir de ses gonds. En fin de compte, la responsabilité de protéger son partenaire n'incombe pas à une femme. Il lui appartient de prendre soin d'elle et de leur lien amoureux. En adoptant cette idée de repli stratégique, elle se préserve du guerrier dont les seules alternatives sont le combat ou la fuite.

Une femme doit accepter de mesurer ses paroles, afin de tenir compte de la perception masculine de son conjoint, sans pour autant marcher sur des œufs en sa présence. Au nom de l'honnêteté, hommes et femmes oublient souvent de manifester patience, souplesse et respect envers leur partenaire.

Nombre de femmes ne savent pas ce qui peut contrarier un homme. Ce dernier doit assumer la responsabilité d'annoncer son « point de combustion » en demandant un arrêt de jeu, au risque pour elle de s'effrayer, de ne plus se sentir en sécurité et de ne plus oser exposer ses besoins ou souhaits. Un homme accorde un espace de sécurité à sa partenaire en se retirant quand il en a assez entendu ou quand la discussion s'engage dans la mauvaise direction.

Un homme assure la sécurité de sa partenaire en s'éloignant une fois ses limites atteintes.

Quand les femmes opèrent un repli stratégique

Il est plus difficile pour les femmes de prendre du recul, car leur nature les incite à parler en cas de stress. S'exprimer se révèle presque toujours salutaire sur Vénus, mais pas sur Mars. Il a même été déclaré illégal, selon les lois vénusiennes, de partir au milieu d'une conversation. Faute de discerner l'utilité de ce temps mort, une femme s'offusque d'un tel comportement et éprouve une contrariété accrue quand son partenaire s'éloigne.

Les hormones féminines induisant des réactions distinctes de celles des hommes, une femme ne ressent pas le besoin de distance, mais au contraire une envie de rapprochement, et le désir de résoudre le conflit en parlant à cœur ouvert. Elle ne conçoit pas que son comportement décuple l'énervement de son partenaire. S'il se sent critiqué ou contrôlé, il éprouve encore plus de colère à son égard.

Poursuivre la discussion revient à jeter de l'huile sur le feu et à augmenter la frustration masculine.

Une femme qui a pris de la distance éprouve la nécessité d'en discuter avec un thérapeute, une amie, un coach relationnel, un groupe de soutien de femmes, ou encore de coucher ses sentiments sur le papier, dans un journal intime ou une lettre. Elle parvient ainsi à analyser ses émotions, les triant pour mieux identifier ses besoins et retrouver des sentiments positifs. Elle sera alors en de meilleures dispositions pour exprimer son point de vue et entendre la version masculine de l'histoire.

Prendre du recul aide une femme à faire le tri dans ses pensées pour mieux voir ce qui lui manque et revenir à des sentiments positifs.

La femme gagnera à se souvenir de la provenance martienne de son conjoint en envisageant d'avoir mal interprété ses paroles ou ses gestes. Au cours de cette période de trêve, réévaluer la situation sous un angle plus positif lui permettra de repenser à toutes les preuves d'amour qu'il lui a adressées. Un échange avec une amie la conduira à adoucir ses sentiments, en prenant sa défense à lui, tout en reconnaissant ses propres torts.

Les hommes viennent de Mars, et c'est pourquoi les femmes peuvent interpréter de façon erronée l'attitude de leur partenaire.

Dans la plupart des cas, il vaut mieux éviter de choisir pour confident un membre de sa famille. Les conversations familiales risquent de revenir vous hanter. Les personnes proches, moins objectives, présentent l'inconvénient d'accorder trop d'importance à ces sentiments négatifs temporaires, sans égard pour les sentiments positifs que vous ressentez aussi pour lui. Vous confier à vos parents dans les moments difficiles risque de creuser un fossé entre eux et votre partenaire.

LES POINTS À CONSIDÉRER PENDANT LA TRÊVE

Voici une liste de points à prendre en considération avant de vous rapprocher.

1. Qu'est-ce que je lui reproche ?
2. À propos de quoi suis-je en colère ou triste ? De quoi ai-je peur ?
3. Qu'aimerais-je qu'il dise ou fasse ?
4. Mes attentes sont-elles réalistes ?
5. De quoi ai-je vraiment besoin ?
6. De quoi a-t-il vraiment besoin ?
7. Qu'a-t-il pu mal interpréter dans ma conduite ?
8. Qu'ai-je pu mal interpréter dans sa conduite ?
9. Qu'est-ce que je regrette ?
10. Qu'est-ce que j'apprécie chez lui ? En quoi ai-je confiance ?
11. Qu'est-ce que je lui pardonne ?
12. Qu'est-ce que j'aimerais qu'il dise ou fasse afin que je lui pardonne ?

QUAND LES HOMMES PRENNENT DE LA DISTANCE

Un homme qui sollicite un arrêt de jeu éprouve la nécessité de se détendre avant de recouvrer la faculté de réfléchir à la façon de renouer le dialogue avec sa partenaire. Il a besoin de se ressourcer dans une activité plaisante à forte dose de testostérone, comme les jeux vidéo sur Internet, regarder un match, ou lire le journal. Quand il se sent mieux, il peut à nouveau réfléchir à la dispute, afin de clarifier ses pensées et de se préparer à écouter ce qu'elle souhaite lui exprimer.

Il est utile de se souvenir précisément des mots prononcés, et d'envisager les non-dits qu'il aurait fallu exprimer. L'homme peut commencer par analyser objectivement ses torts à elle, puis ses propres torts. De la sorte, il se place dans une démarche de résolution de conflit qui convient à sa nature masculine et l'amène à communiquer avec plus de respect.

Il doit se demander quels étaient les besoins de sa partenaire et comment elle aurait pu les exprimer de façon moins blessante pour lui. Cet exercice l'amènera à voir qu'il n'est pas toujours facile de s'exprimer sans agresser. Il peut aussi se féliciter de s'être retenu d'envenimer la situation en adoptant l'approche de Monsieur « J'ai la solution » avant d'écouter les tenants et aboutissants du problème. Cela lui permet d'adoucir son cœur et d'abandonner ses défenses.

Un homme perd son envie de contre-attaquer quand il pense à toutes les options moins glorieuses qu'il aurait pu choisir.

LES POINTS QU'UN HOMME DOIT CONSIDÉRER QUAND IL A DEMANDÉ UNE TRÊVE

Voici une liste de questions à se poser avant de pouvoir se rapprocher de sa partenaire.

1. Que m'a-t-elle dit d'énervant ?
2. Que ne m'a-t-elle pas dit, qu'elle aurait dû dire ?
3. Qu'essayait-elle de dire ?
4. Comment aurait-elle pu le formuler autrement ?
5. De quoi a-t-elle besoin ?
6. De quoi ai-je besoin ?
7. En quoi a-t-elle pu mal interpréter ma conduite ?
8. En quoi ai-je pu mal interpréter sa conduite ?
9. Quelle est la meilleure issue pour chacun de nous ?
10. Qu'est-ce que je regrette ou qu'aurais-je dû faire autrement ?
11. Qu'est-ce que je lui pardonne ?
12. Qu'aimerais-je qu'elle dise ou fasse ?

Les hommes parviennent à identifier rapidement leurs sentiments en clarifiant dans leur esprit le déroulement de l'échange, ce qui a amélioré la discussion et ce qui a causé sa dégradation.

De très nombreux facteurs influencent l'humeur et le caractère. Quand votre partenaire est bouleversé ou sur la défensive, peu importe à quel point votre vision des choses est légitime ou raisonnable. Aucune de vos remarques ne sera utile. Il vous faut accepter que, pendant un certain temps, ni vous ni votre partenaire ne serez en mesure d'entendre, de comprendre ou d'apprécier le point de vue de l'autre. Pendant cette période, la seule issue valable consiste à fixer un arrêt de jeu et à reprendre la discussion plus tard, après un délai d'au moins douze heures.

Un proverbe martien dit : « Quand vient la tornade, trouve un fossé et couche-toi dedans. »

N'espérez pas que votre partenaire pourra s'intéresser à votre point de vue si vous le lui imposez. Tant que vous ne vous sentirez pas assez disponible pour écouter ses arguments, l'inverse se produira aussi. Votre énervement est certainement monté autant que celui de votre partenaire. En poursuivant sur la même voie, vous êtes certain d'envenimer la situation.

Quand le comportement de votre partenaire vous irrite, le vôtre produit le même effet sur elle.

Voici une autre règle de base pour éviter les disputes : accorder à la femme la priorité pour exposer ses besoins et sentiments avant que l'homme prenne la parole à son tour. Les hommes ont une plus grande capacité d'écoute, mais seulement s'ils perçoivent la conversation comme une tentative de résolution de problème et non comme une querelle stérile. Prendre la parole selon cet ordre correspond au besoin féminin de parler pour réduire la pression et au goût masculin de réparer les pots cassés. Quand la femme a exposé ses griefs, le travail de réparation de l'homme consiste à l'assurer qu'il a compris son point de vue. Un homme qui réalise l'importance pour le bien-être de sa partenaire d'être entendue acceptera de l'écouter. Après avoir pu éprouver du soulagement de s'être exprimée, une femme est mieux disposée pour entendre le point de vue de son partenaire. Quand chacun se sent écouté, tous deux retrouvent la souplesse et la bonne volonté nécessaires pour parvenir à un compromis bénéfique pour chacun.

LES RÈGLES POUR ÉVITER LES DISPUTES

Dans un schéma idéal, l'homme prend l'initiative de l'arrêt de jeu et la femme revient vers lui pour signifier le moment de reprise du dialogue. De la sorte, l'homme assure sa fonction de protection du couple en proposant le temps de recul qui leur évite de se blesser mutuellement, et la femme assume sa fonction relationnelle en les incitant à se rapprocher et à reprendre la conversation.

Il demande un cessez-le-feu et elle revient plus tard vers lui avec un drapeau blanc pour signer l'armistice.

Lorsqu'un homme s'aperçoit que la conversation dérive, une bonne approche consiste à dire : « Explique-moi ce que tu ressens, et on trouvera une solution par la suite. » En l'écoutant, il l'encourage en ponctuant ses explications de « Raconte-moi tout... ». Quand elle a terminé, s'il sent poindre l'énervement, il dira : « Je dois y réfléchir, et on cherchera par la suite comment régler ce problème. »

Chacun des deux partenaires peut engager un arrêt de jeu ou proposer le report de la discussion, mais le processus décrit dans le précédent paragraphe – correspondant le mieux aux fonctionnements hormonaux masculin et féminin – favorisera plus aisément le retour à la sérénité.

Rétablir l'harmonie

Après avoir étudié comment mettre fin à un désaccord, il est temps d'examiner les conflits susceptibles, s'ils s'enveniment, de conduire au ressentiment et à l'éloignement. Une femme qui garde des sentiments négatifs après un désaccord verra son niveau d'ocytocine plonger, ce qui risque de la placer dans un cercle vicieux vis-à-vis de son partenaire.

Il existe deux méthodes opposées mais complémentaires pour rétablir l'harmonie après une dispute : les conversations vénusiennes et les réunions martiennes. La première offre à la femme un espace pour exposer ses sentiments sans qu'il y ait de recherche de compromis. Elle pourra détailler ce qui la dérange et analyser ce qu'elle ressent. Une réunion martienne a au contraire pour unique objectif de trouver une solution.

Prévoir une réunion martienne

Après un délai d'au moins douze heures après la querelle, le fil de la discussion est rétabli sans que l'on revienne sur les émotions. Une réunion martienne peut se dérouler en l'absence de conversation vénusienne, du moment que la femme ne ressent plus le besoin d'évoquer ses sentiments. Dans certaines circonstances, la trêve, au cours de laquelle chacun aura pu réfléchir à la situation, suffira. Le couple se sentira prêt à aboutir directement à un compromis, par le biais d'une réunion martienne.

L'idée de cette réunion est de garder le plus d'objectivité possible pour se concentrer sur un consensus acceptable. Moins on parle, mieux c'est.

SOLLICITER UNE CONVERSATION VÉNUSIENNE

Lorsque la femme éprouve encore la nécessité de revenir sur les émotions liées au désaccord, la réunion martienne doit être reportée. Il y a alors lieu de requérir une conversation vénusienne. Voici comment la formuler : « J'ai besoin de temps pour discuter de ce que je ressens. Tu n'es pas obligé de parler ni de chercher une solution. Tu ne dois rien changer. Tout ce que j'aimerais, c'est que tu m'écoutes. Je ne te demande même pas de te sentir coupable. »

La réponse qu'on attend de l'homme est alors : « Raconte-moi tout. » Comme aucune recherche de consensus n'est à l'ordre du jour, la femme se sent pleinement entendue et l'homme affirme son soutien. Au terme de cette conversation vénusienne, il est de bon ton de montrer sa gratitude : « Merci de m'avoir écoutée. Cela m'aide beaucoup, je me sens vraiment mieux. »

Ces quelques mots ont un pouvoir extraordinaire. Un homme à qui l'on a soumis un profil de poste clair et abordable se montre enclin à écouter, et la qualité de son écoute s'en trouvera améliorée. Après avoir manifesté sa gratitude, la femme part vaquer à d'autres occupations, adressant à son partenaire le message qu'il l'a bien soutenue. Si elle insistait pour poursuivre la discussion, il se sentirait injustement puni pour avoir accompli une bonne action.

Les conversations vénusiennes (nous le verrons dans le prochain chapitre) remplissent aussi une autre fonction. Prévoir de telles discussions en dehors de toute dispute est une habitude qui confère aux femmes la possibilité de relâcher la pression en cas de montée du stress.

Se précipiter vers une réunion martienne pour mettre fin à un conflit n'est pas efficace. Une telle tentative mise sur pied avant que l'un ou l'autre des partenaires ait disposé de suffisamment de temps pour réfléchir à la dispute se soldera par un échec : le Martien risque de proposer une solution négligeant de prendre suffisamment en compte les besoins vénusiens, et cela alimentera de nouveau la dispute initiale. Le temps de la trêve fournit à chacun l'occasion d'envisager, à tête reposée, la situation sous l'angle de son partenaire. Ils en viennent tout naturellement à éprouver de meilleurs sentiments, sont à nouveau capables de manifester souplesse et ouverture d'esprit, ce qui les incite à rechercher un compromis reflétant le soutien qu'ils s'apportent mutuellement.

Voici comment cela fonctionne...

À la suite de leur querelle concernant les fêtes de Noël, Émilie s'est sentie submergée d'émotions négatives parce que Nathan avait insulté sa famille. Celui-ci a eu la sagesse de se lever et de partir avant qu'ils en arrivent à prononcer des paroles qu'ils regretteraient par la suite. Émilie a éprouvé la nécessité de recourir à une conversation vénusienne. Elle a commencé par ranger la maison, mis une lessive en route, puis retrouvé Nathan qui jouait sur son ordinateur, et lui a dit : « Je ressens plein d'émotions. Je crois que cela m'aiderait d'en parler. Tu veux bien qu'on ait une conversation vénusienne ? »

Ils ont décidé de se retrouver au salon une heure plus tard pour discuter. En attendant, Émilie a appelé sa meilleure amie, Lucie, pour évoquer le désaccord. Quand elle s'est rapprochée de Nathan, elle a pu faire preuve de clairvoyance et dire : « Je sais que tu n'es pas très porté sur les fêtes, mais moi j'adore ça. Pour moi, Noël, c'est le plus beau moment de l'année. »

– Toute l'ambiance, le sapin, les cadeaux... ? a reformulé Nathan après la fin de sa phrase.

– Oui, cela me fait rêver, a poursuivi Émilie. C'est vrai que tes parents habitent tout près de chez nous, et que ma famille est plus grande, donc qu'on remarque moins notre absence. Mais cela me manque vraiment de passer Noël dans ma famille. Je ne trouve pas

excessif de passer de temps en temps Noël avec mes parents. On a tellement d'occasions de voir ta famille.

– C'est vrai.

– Et je sais que ta mère est une excellente cuisinière, mais j'ai été habituée dans mon enfance aux recettes de ma famille, et j'aime bien les retrouver.

– Je comprends.

– Ta famille est plus guindée et j'ai du mal à m'y sentir à l'aise. Je sais que ma famille est turbulente. Je trouve qu'ils sont pleins de vie et qu'on s'amuse bien. Je me suis sentie blessée quand tu as dit que ma famille était bruyante.

– Oh, dis-moi tout !

– Je trouve que ma famille t'a réservé un accueil très chaleureux et je me sens moins intégrée parmi les tiens. Je sais bien qu'on a des styles différents. Ta famille est plus réservée. J'ai toujours le sentiment qu'ils font preuve de politesse à mon égard. Je me sens comme une étrangère.

– C'est vrai ? continue, je t'écoute.

– Je crois que ma famille me manque. On ne les a pas vus depuis le mois de juin et je ne sais pas quand nous en aurons à nouveau l'occasion si on ne passe pas Noël avec eux.

– Je comprends... Bon, nous prendrons une décision plus tard, d'accord ?

– Merci de m'avoir écoutée, Nathan. Cela m'a fait beaucoup de bien de t'expliquer tout cela.

Nathan prend le temps de réfléchir aux propos d'Émilie. Par la suite, leur « réunion martienne » peut avoir lieu.

– Je comprends que tu aies envie de passer Noël dans ta famille cette année, commence Nathan. C'est important pour toi, et cela t'a manqué puisqu'on a passé Noël avec mes parents les trois dernières années.

– Oui, c'est vrai.

– Tu veux qu'on regarde les horaires des avions ? suggère Nathan. Si on trouve des vols abordables, je suis d'accord pour aller dans ta famille.

– C'est vraiment gentil de ta part, répond Émilie, toute contente. Merci de m'avoir comprise.

– Je t'aime et je souhaite que tu sois heureuse pour ton jour préféré dans l'année.

– Et la prochaine fois, si tu veux, on peut retourner dans ta famille, ou alors simplement passer Noël tous les deux ?

Émilie continue en s'excusant.

– Désolée d'en avoir fait toute une histoire.

– Tu sais que j'aime bien ta famille et qu'on s'amuse toujours beaucoup là-bas. Je suis désolé de les avoir critiqués quand j'étais en colère.

Émilie et Nathan ont réussi à s'éloigner avant que la dispute s'envenime. Elle a pu exprimer ses sentiments, ce qui a permis à Nathan d'accéder à sa demande. Ils se sont aperçus que le lieu où ils passeraient Noël revêtait plus d'importance aux yeux d'Émilie qu'à ceux de Nathan.

RÉSISTER À L'ENVIE DE TOUT DIRE

On imagine naïvement pouvoir tout partager avec son partenaire si la complicité est suffisante. Dans une relation amoureuse, l'intimité contribue à la passion et à la plénitude, mais énoncer tout ce qui vient à l'esprit présente des inconvénients. Il faut choisir et trier ce que l'on souhaite exprimer, pour respecter le rythme de réflexion de son conjoint et lui permettre d'assimiler nos paroles. Il est possible de trouver, dans son entourage, une multitude de personnes avec lesquelles partager les différentes facettes de sa personnalité. Pour éprouver de la proximité, inutile de dévoiler à son partenaire chaque sentiment ou chaque idée. Dans une relation amoureuse, il importe d'exposer surtout les facettes les plus aimantes de sa personne.

Les couples ont besoin de s'exprimer, mais il est néfaste d'exprimer tout ce que l'on pense.

Voilà une des causes les plus courantes de rupture. Après quelques années à exprimer tout ce qui leur passe par la tête, les couples se traitent avec moins d'égards, de gentillesse et de respect qu'ils n'en auraient envers un inconnu ou un invité. Se sentir trop à l'aise en présence de l'autre conduit à limiter les efforts consentis en sa faveur. Il est important de se souvenir de la façon dont on traitait la personne aimée au début de l'histoire amoureuse et d'essayer de perpétuer cette attitude.

De nombreux couples montreraient plus d'égards pour un inconnu ou un invité qu'ils n'en témoignent l'un pour l'autre.

Si vous souhaitez évacuer votre ressenti négatif afin d'éprouver du soulagement, mieux vaut recourir à un journal intime, une oreille amicale ou un thérapeute : il est plus facile d'entendre exprimer des sentiments négatifs ne vous concernant pas. Vos amis peuvent vous écouter vider votre sac, parce que les sentiments qui vous animent n'ont rien à voir avec eux. Débarrassé du poids de ses émotions négatives, on a plus aisément accès à ses sentiments positifs, ses espoirs et ses besoins. Pour éviter les disputes avec son partenaire, apprendre à tenir sa langue compte plus que trouver les mots justes.

Savoir quand se taire est plus efficace que trouver les formulations adéquates

Les comportements manipulateurs sont sans rapport avec les caractéristiques masculines et féminines.

Les différences ne sont pas toutes liées au sexe. Certaines personnes adorent l'impression du pouvoir, alors que d'autres en ont très peur. Il ne s'agit pas d'une particularité homme-femme, mais plutôt du reflet d'une insécurité découlant d'un événement non résolu du passé ou liée à des schémas parentaux. Ce peut aussi être le signe d'une immaturité affective. Lorsque les hommes ou les femmes ne se sentent pas en sécurité, ils montrent la même tendance à faire usage de déchaînements émotionnels violents ou du silence, dans le but de menacer ou de punir leur partenaire ou encore de lui faire honte. Dans ces cas, ils se comportent ainsi pour contrôler et manipuler leur partenaire et non pour évacuer leur tension.

Les débordements émotionnels ou le silence peuvent être utilisés à mauvais escient, afin de menacer ou de punir son partenaire.

Il s'agit d'une distinction importante. Un homme prend de la distance par besoin légitime de décompresser, mais ce même éloignement peut aussi constituer une manœuvre destinée à punir sa partenaire ou à lui faire la leçon. Un homme manipulateur a pu au départ se retirer dans sa grotte pour relâcher la pression puis, quand il remarque à quel point cela bouleverse sa partenaire, utiliser cette retraite dans le but de la blesser.

Quand un homme s'éloigne pour relâcher la tension, il arrive que sa partenaire se montre distante à son retour, pour le punir. Elle adopte alors la tendance masculine à se montrer lointaine, mais cela ne soulage aucun des partenaires.

Voici un autre cas de figure, celui de la femme éprouvant un besoin légitime d'exprimer ses émotions pour réduire son stress, et que le partenaire choisit de punir en déversant à son tour une tornade émotionnelle. C'est un phénomène assez courant chez les hommes dépendants de la drogue ou de l'alcool. Ils ont recours à leurs émotions négatives afin d'intimider les autres.

Les hommes font souvent usage de leurs émotions pour menacer leur entourage quand ils sont dépendants de la drogue ou de l'alcool.

Les femmes peuvent aussi abuser de leurs émotions pour embarrasser leur entourage. Une femme inquiète se servira de ses émotions pour punir son partenaire, lui faire la leçon, le culpabiliser, ou simplement l'ennuyer.

Des comportements normaux, naturels peuvent être détournés quand ils sont utilisés dans le but de punir et non d'aimer.

Réprimander son partenaire en ne lui adressant aucun signal d'amour peut se révéler efficace à court terme, mais à long terme la peur et la défiance s'installent, apportant tension et conflits.

Des comportements naturels et sains peuvent être détournés dans le but de châtier son conjoint plutôt que de l'aimer.

À moins que les deux partenaires ne soient comblés par leur histoire amoureuse, en fin de compte ils auront tous deux échoué.

Dans une relation de couple, cette approche « Je gagne quand tu perds » apporte une victoire vide de sens. Quand on aime quelqu'un, s'il a perdu on perd. La seule victoire ne peut être que commune. Retenir son amour conduit à la souffrance. Il importe de sentir que le partenaire éprouve sécurité et liberté à nos côtés.

La sécurité et la liberté sont les sources les plus importantes de bonheur et de passion dans les relations amoureuses.

La capacité à surmonter les différends détermine la réussite d'une relation. Quand l'éloignement s'installe, la passion s'affadit. En parvenant à surmonter les difficultés grâce à une communication respectueuse et à des compromis équitables, on augmente ses chances de goûter une vie pleine d'amour sans avoir à chercher ailleurs l'amour perdu.

COMMENT SE RÉCONCILIER

Après une trêve de réflexion qui a permis à chacun des partenaires de mieux identifier ses sentiments, on est prêt pour la réconciliation. Chercher à faire la paix alors qu'on attend de son compagnon qu'il s'excuse n'aboutit jamais.

On peut toujours demander pardon pour une raison ou une autre, même si on a l'impression que l'autre a commis davantage d'erreurs. Exprimer qu'on est désolé et qu'on souhaite se réconcilier est une démarche très efficace. Cela vaut vraiment la peine d'apprendre à s'excuser.

Apprendre à demander pardon est très important pour la relation.

Lorsque votre partenaire vous demande pardon alors que vous n'êtes pas prêt à faire la paix, il faut au moins lui montrer votre gratitude pour sa démarche. À ce stade, la balle est dans votre camp : à vous de digérer le problème et d'arriver à l'accepter pour vous réconcilier avec votre partenaire. Rester blessé parce que son partenaire ne s'est pas suffisamment excusé ou ne témoigne pas suffisamment de culpabilité empêche de guérir.

Voici un outil efficace pour dépasser ses blessures : il s'agit de s'adresser une lettre à soi-même, dans laquelle on formule ce qu'on aimerait entendre. Cela permet d'assumer la responsabilité de son humeur. Lire cette lettre et imaginer ce qu'on ressentirait à sa lecture par notre conjoint apporte un grand réconfort. On peut poursuivre l'exercice en libellant la réponse qu'on souhaiterait lui adresser. C'est une façon de se libérer des sentiments négatifs et d'ouvrir à nouveau son cœur.

Une autre possibilité consiste à remettre cette lettre à votre partenaire en le priant de vous la lire. Dites-lui à quel point cela vous ferait du bien de l'entendre de sa bouche. Il ne doit pas prononcer exactement les mots que vous avez rédigés : c'est encore mieux s'il exprime ses regrets avec ses propres mots. N'oubliez pas de le remercier.

Nancy et Gérard ont commencé à se disputer quand Nancy s'est aperçue que Gérard avait oublié d'envoyer le chèque pour l'assurance de la voiture. Elle le lui avait pourtant rappelé à plusieurs reprises, et notamment en lui laissant des Post-it sur son bureau. En ouvrant le courrier de la compagnie qui annonçait la suspension de leur assurance jusqu'à l'acquittement de la facture, Nancy est sortie de ses gonds. Elle a accusé son mari de se montrer irresponsable, désordonné et peu fiable. Sa conduite les mettait en danger. Comment pourrait-elle un jour lui faire à nouveau confiance ?

Gérard a répondu que sa réaction était exagérée et qu'il allait rappeler le courtier, afin de régler le problème immédiatement. Elle s'est alors souvenue de tout ce qu'il avait oublié au cours des trois dernières années et lui a rappelé ses erreurs. Leur dispute s'est envenimée quand il l'a traitée de casse-pieds.

Nancy était vraiment furieuse. Après avoir réfléchi au déroulement de la querelle, elle s'est assise et a rédigé une lettre avec les mots qu'elle souhaiterait entendre Gérard lui dire.

Chère Nancy,

Je suis désolé d'avoir oublié de payer l'assurance. J'avais beaucoup de choses en tête, avec ce problème au bureau, et je n'ai pas fait assez attention à toi et à ce qui se passait à la maison.

Tu en fais tant pour nous et moi si peu. Je sais que souvent je ne le montre pas, mais je ne pourrais suivre ma voie si tu n'étais pas là pour me soutenir et pour m'aimer.

Bien que tu travailles beaucoup, tu penses toujours à notre famille. Je ne sais pas comment tu fais, mais j'admire la façon dont tu y parviens à chaque fois.

J'adore notre vie, et je suis désolé d'avoir frôlé une catastrophe par insouciance. Je suis désolé d'avoir été grossier alors que c'était moi qui avais commis l'erreur. J'essaie de te rendre heureuse et je déteste quand je vois que ce n'est manifestement pas le cas.

Excuse-moi d'avoir été si peu digne de confiance à plusieurs reprises. Je t'aime et j'aimerais voir un grand sourire sur ton beau visage.

Je t'embrasse,

Gérard

Et voici la réponse à sa lettre imaginaire...

Cher Gérard,

Merci d'avoir reconnu et compris à quel point notre vie compte pour moi et de m'avoir assuré qu'il en allait de même pour toi.

Merci d'avoir reconnu que je jongle souvent pour que tout se passe sans encombre et d'avoir remarqué le soutien que j'essaie de t'apporter.

Je te remercie d'avoir compris que lorsque je suis stressée, je m'énerve pour de petites choses. Je n'ai pas l'intention de t'ennuyer. Je suis simplement toujours en train de m'inquiéter pour toutes ces tâches qui me viennent à l'esprit, et c'est parfois difficile pour moi de te voir devant la télévision sans te soucier de ce qui se passe autour de toi.

Je t'aime et j'aimerais que nous puissions faire face aux exigences de notre vie avec plus d'harmonie.

Je t'embrasse,

Nancy

À défaut de déterminer ce qui a dérapé ou qui a tort, on peut se mettre d'accord sur le fait que personne ne souhaitait la dispute : cela permettra de se rapprocher.

Les blessures émotionnelles agissent comme les blessures physiques. On développe un hématome, il est possible de guérir. Attendre que son partenaire s'excuse d'une façon particulière retarde la guérison. Un enfant a besoin d'entendre l'autre s'excuser, mais un adulte doit apprendre à vivre et à guérir sans cette exigence.

CHAPITRE 9

Exprimer ses émotions dans un espace serein

Les paroles féminines qu'un homme redoute par-dessus tout sont : « Chéri, il faut qu'on parle. » Converser avec l'être qu'on aime le plus devrait être agréable, mais les discussions dégénérant souvent en disputes conduisent la plupart des hommes à éprouver épuisement ou énervement dès ce genre d'annonce.

Dans la sphère professionnelle, les sentiments sont en général mis à l'index. Il n'est pas acceptable de confier ses émotions à un client. On est là pour travailler. À la maison ou au sein d'une relation amoureuse, il en va différemment. En arrivant chez elles, les femmes dépérissent par manque d'ocytocine. Évoquer leurs problèmes les soulage beaucoup ; au contraire cela vide complètement l'énergie masculine.

Les émotions n'ayant pas le droit d'asile dans la sphère professionnelle, les femmes sont contraintes de les ramener chez elles.

Une femme qui ne dispose pas du temps nécessaire pour s'épancher est privée d'une des façons les plus efficaces de réduire son niveau de stress. Chaque journée passée au travail ou seule à la maison implique la nécessité d'équilibrer sa hausse de testostérone en élevant son taux d'ocytocine.

Le reproche le plus couramment adressé par les femmes à leur compagnon est son manque d'écoute. Chaque nuance du ressenti et des pensées féminines ne revêt pas la même importance pour lui, et il était évacué dans le passé par les travaux faits en commun avec d'autres femmes.

Dans le passé, on n'exigeait pas des hommes d'être doués pour l'écoute.

Une femme privée de l'occasion de converser au long de sa journée professionnelle accumule beaucoup de tension. À son retour, elle éprouve la nécessité pressante de s'ouvrir à son partenaire. Si ce besoin n'est pas comblé, chacun des gestes attentionnés que le compagnon prodiguera à sa partenaire sera entaché de la conviction que ses efforts vis-à-vis d'elle sont trop peu nombreux.

Si un couple ne communique pas, rien de ce que fait l'homme ne sera à la hauteur.

Les conversations entre partenaires, nous l'avons vu dans les précédents chapitres, diffèrent des échanges entre femmes, puisque le fonctionnement masculin empêche l'homme de réagir selon le modèle féminin. Nous allons cependant étudier les conditions susceptibles d'accroître le bénéfice des échanges au sein du couple, leur procurant la possibilité de redoubler d'efficacité pour soulager le stress féminin.

Confier ses émotions au mauvais moment

Les femmes sabotent souvent leurs chances de réussite en évoquant leur ressenti à un moment inadéquat. Les femmes célibataires tombent dans le piège tout autant que celles vivant en couple. Éprouvant la nécessité de relâcher la pression, elles commencent à se plaindre ou à émettre des remarques négatives. Elles s'empressent de discuter dans les moindres détails de ce qui ne marche pas à leur goût, car l'exprimer réduit leur stress.

Au début d'une nouvelle histoire, les femmes se plaignent simplement pour meubler la conversation.

Alors qu'elle sort avec un nouvel ami, une femme, angoissée par son travail, commence à souligner que son dîner n'est pas bon ou qu'ils n'auraient pas dû sortir. Il arrive aussi qu'invitée à sortir elle se lance dans une longue explication sur la multitude des tâches qui l'attendent, alors qu'un « Je ne peux pas ce soir, j'ai du travail, mais demain si tu veux... » aurait amplement suffi.

Les femmes peuvent se lancer dans de longues explications alors qu'un simple « non » aurait fait l'affaire.

Les discours interminables semblent opportuns à une femme désireuse de stimuler sa production d'ocytocine. Mais le moment que choisit une femme pour confier ses émotions a des répercussions sur la capacité de l'homme à les écouter. Le timing revêt une importance cruciale dans la communication.

Voici quelques exemples de moments mal choisis et de réactions masculines qui en découlent...

Le moment qu'elle choisit	**Ce qu'il ressent**
En désaccord avec ses méthodes éducatives, elle lui fait part de son avis à l'instant où les enfants font des bêtises, sont en colère ou bien malades.	Il se sent critiqué dans un moment de vulnérabilité. Elle ne l'aide pas et l'enfonce davantage en le traitant de mauvais père.
Elle se sent dépassée et attend le moment où il lui demande quelque chose pour se plaindre en détail de sa charge de travail trop importante.	Il a le sentiment que sa demande est empreinte de reproche et qu'elle insinue que c'est sa faute si elle est débordée.
Contrariée qu'il n'ait pas honoré une promesse, elle attend pour s'en plaindre le moment où il est confortablement installé sur son canapé à lire ou à regarder la télévision.	Cela l'agace d'être interrompu dans un moment de récupération pour s'occuper de ses besoins à elle.
Alors qu'elle aimerait passer plus de temps avec son partenaire, elle choisit le moment où il se rend à une activité entre copains pour en parler.	Il a le sentiment qu'elle se sert de ses émotions pour le manipuler. Elle expose ses besoins à un moment où il décide de s'occuper des siens. Il aime aussi passer du temps avec elle mais déteste se voir imposer de choisir entre les deux.

Dans ces moments-là, les hommes perçoivent l'insistance des femmes à exprimer leurs sentiments et leurs souhaits comme une tentative de les manipuler. En fait, c'est la situation qui a rappelé à la femme qu'elle éprouvait le besoin d'évoquer un sujet que son partenaire n'avait pas très envie d'aborder. Quand le couple instaure des occasions de discuter, comme les conversations vénusiennes, les femmes perdent l'habitude d'exprimer leurs émotions à un mauvais moment.

Le tableau ci-dessus illustre à quel point l'homme peut se sentir rejeté, critiqué, contrôlé ou sanctionné par sa partenaire quand elle s'exprime. En y regardant à deux fois, on identifie ce qui apparaît comme une évidence pour toute femme vivant avec un homme. Très peu d'occasions d'exprimer leurs émotions s'offrent aux couples dont les journées sont bien remplies. Quand la possibilité se présente, ces sentiments émergent. Il est vraiment important pour les hommes de se convaincre que les femmes sont programmées différemment et qu'évoquer ses émotions est un besoin féminin naturel.

Dès lors, la solution de ce problème, autre que la simple acceptation de cette différence, consiste à instaurer des moments de parole. L'homme peut n'éprouver aucune envie de parler, mais cela accordera à sa compagne l'occasion de s'ouvrir tandis qu'il l'écoutera. Tel doit être son unique rôle, au risque de le détourner de toute envie d'entamer une de ces discussions.

MÉNAGER AUX FEMMES DES OCCASIONS DE S'ÉPANCHER

Instaurer des temps de parole alternatifs n'est pas vraiment efficace, car les hommes ont peu à dire. Mais s'ils savent qu'ils ne seront pas contraints de s'exprimer, ils montreront une meilleure disposition à prêter une oreille attentive à leur compagne. L'homme se sent grandement motivé en s'apercevant du réconfort que leur « échange » a procuré à sa partenaire. S'il est surtout question, lors de cet échange, d'accorder un espace de parole à sa femme sans qu'il ait à discourir, l'homme est favorable à ce genre de discussion. En revanche, si sa partenaire attend de lui qu'après s'être épanchée, il dévoile à son tour les émotions qui l'animent, les bonnes dispositions de l'homme envers leurs conversations disparaîtront rapidement.

Il faut aussi éviter de mêler émotions et résolution de problème. Un tel mélange est très fructueux entre amies ; aussi les femmes souhaiteraient procéder selon le même modèle à la maison avec leur partenaire. Pourtant, attendre d'un homme qu'il parle comme une femme ne peut rien apporter de bon. Afin de résoudre des conflits, une femme doit apprendre à parler le langage martien et à mettre de côté ses sentiments.

Par le passé, les femmes ne demandaient pas aux hommes de dévoiler leurs sentiments. L'avènement d'une nouvelle époque, marquée par la généralisation du discours psychologique, a conduit les femmes à attendre des hommes qu'ils explorent eux aussi leurs émotions et se montrent capables de communiquer comme les femmes entre elles. Cette attente est irréaliste et source de frictions pour la relation.

En résumé, l'homme enclin à écouter sa partenaire détailler ses états d'âme fait preuve d'amour et de gentillesse, et contribue à la rendre heureuse. Son seul rôle consiste à compatir, et y parvenir stimule ses hormones masculines de bien-être.

Il vaut mieux d'abord écouter les sentiments, avant de chercher à résoudre le problème.

C'est la conviction de s'être montré utile qui a des répercussions favorables sur sa testostérone. Dans l'ignorance des bienfaits de l'écoute sur l'humeur féminine, il se sentirait impuissant en entendant sa partenaire énumérer ses problèmes : alors son niveau de testostérone baisserait, au contraire. Pour l'homme, le sentiment d'impuissance mène à l'irritation, voire à la déprime. Cette réaction masculine augmente le stress de la femme et ils sont tous deux entraînés dans un engrenage de mécontentement. C'est pour éviter cet enchaînement regrettable que les hommes doivent apprendre à écouter les femmes et à en retirer de la fierté, et pour les y aider les femmes montreront la gratitude qu'elles éprouvent à leur égard pour l'attention qu'ils leur ont accordée.

Quand les femmes évoquent leurs problèmes, les hommes se sentent d'abord épuisés ou irrités, puis ils dépriment.

Bien sûr, cette « permission de parler » n'autorise pas les femmes à raconter tout ce qui leur traverse l'esprit, y compris les critiques et reproches, en escomptant que l'homme écoutera passivement. Pour que ces conversations soient positives pour chacun des partenaires, la femme doit tenir compte des besoins de son compagnon, ce qui l'aidera encore davantage à élever son niveau d'ocytocine. La conviction d'être comprise et de pouvoir parler en toute sécurité aura des effets très bénéfiques pour l'une et l'autre.

Les conversations vénusiennes, saison 2

Malheureusement, les nouvelles habitudes technologiques de communication, recourant dorénavant aux e-mails, textos ou téléphones mobiles ont limité les occasions de rendre visite à une amie, de prendre le thé ensemble et de bavarder à cœur ouvert. Les conversations vénusiennes puisent leur raison d'être dans ce manque à combler. En exposant par le menu le déroulement de leur journée, sans attendre d'issue particulière à cet échange sinon d'être entendues, elles se sentent réconfortées.

Les femmes doivent utiliser le recours à la parole pour élever leur niveau d'ocytocine.

L'homme a besoin d'apprendre à écouter, et la femme a besoin de s'entraîner à partager, sans espérer susciter de changements chez son compagnon. Si, au travers de l'échange, elle a l'intention de lui donner une leçon, d'améliorer son comportement ou de le conduire à se sentir coupable, le pire est à prévoir. Une telle attitude relève de la manipulation ou du chantage affectif, et compromet pour l'avenir la bonne volonté masculine à écouter.

Se retenir de nourrir le dessein secret de perfectionner son compagnon peut paraître difficile parce que, au retour d'une journée professionnelle au cours de laquelle elle a dû atteindre des objectifs, la femme réagit encore selon le mode « testostérone ». Cependant, elle doit absolument y parvenir, au risque de se priver de la source précieuse d'écoute et de partage, dont elle a tant besoin.

La mauvaise journée de Claire

Claire avait besoin de faire le point après avoir vécu une journée difficile, où tout avait mal tourné. Elle était soulagée de savoir qu'elle et son compagnon pourraient avoir une conversation vénusienne à son retour. Après le JT de 20 heures, ils prirent le temps de revenir sur les événements.

– Tout est allé de travers aujourd'hui, commença Claire. Tu n'y croirais pas. J'avais l'impression que le sort s'acharnait contre moi.

– Raconte-moi tout, répondit Alain.

– Eh bien, déjà, sur le chemin vers le bureau, je me suis arrêtée à la poste pour envoyer ce colis à ma nièce...

– Sympa !

– J'étais sur le point de me garer, et puis cette femme qui téléphonait sur son mobile est arrivée dans l'autre sens et m'a pris la place.

– Non...

– Si, je t'assure, comme si le monde lui appartenait. Alors, j'ai baissé la vitre et je lui ai dit quand elle sortait « Désolée mais vous venez de prendre ma place ».

– Qu'est-ce qu'elle a fait ?

– Elle ne m'a même pas regardée.

– C'est vrai ?

– Je t'assure. Elle est partie. J'étais tellement contrariée que j'ai renoncé à aller à la poste.

– C'est vraiment râlant.

– Les gens peuvent être tellement impolis...

– Et après, que s'est-il passé ?

– J'étais tellement énervée que j'ai décidé de m'offrir un cappuccino dans cet endroit sympa où ils les servent au bar. Il y avait du monde, mais j'ai décidé d'attendre.

– Mmm...

– Et en montant dans la voiture, j'ai réussi à renverser le gobelet, pourtant recouvert d'un couvercle, sur mon nouveau manteau et mes chaussures grises.

– Oh ! non !

– J'ai pu enlever les taches en arrivant au bureau, mais l'odeur de laine mouillée et de café m'a poursuivie toute la journée.

– Ça devait être gênant !

– Et Janine a émis une remarque insidieuse pendant la réunion.

– Vraiment !

– Et puis j'ai entendu une rumeur selon laquelle la direction a décidé de réduire ou même de supprimer la prime de fin d'année.

– Ah bon ?

– C'est le bruit qui circule. Je comptais vraiment dessus pour refaire notre salle de bain.

– Ah zut !

– Et puis mon déjeuner a été annulé. C'est la quatrième fois

que Sandrine me fait le coup, à la dernière minute. Je prévois mon planning en fonction de ce déjeuner et elle me laisse tomber. On dirait qu'un repas avec moi ne présente pas beaucoup d'intérêt pour elle. Elle trouve toujours les excuses les plus bidons.

– Elle fait ça ?

– Je crois que je vais devoir lui en parler, mais je me sens idiote devant cette situation. Je devrais peut-être prendre un peu de recul par rapport à cette amitié. Je suis occupée et elle ne prête pas attention à mon emploi du temps.

– Je vois ce que tu veux dire.

– Bon, je pourrais encore continuer, mais je me sens déjà tellement mieux qu'au début de notre discussion.

– Quelle journée difficile !

– Parfois, quand tout commence mal, j'ai l'impression que cela ne peut qu'empirer et que je ne parviendrai pas à inverser la tendance.

– J'ai déjà ressenti cela.

– Au moins on passe une bonne soirée !

Alain se lève et vient la prendre dans ses bras :

– C'est vrai, la journée n'est pas finie !

– Tu es génial, conclut Claire. Te parler a vraiment changé ma journée !

Cette conversation unilatérale ne reflète pas le mode habituel d'échange féminin mais permet réellement à une femme d'élever son niveau d'ocytocine. En parlant, les femmes mélangent naturellement sentiments et idées pour régler leurs problèmes, ce qui les conduit à produire à la fois de l'ocytocine et de la testostérone. Lors des conversations vénusiennes, les femmes s'entraînent à ne partager que leurs sentiments sans chercher de solution, et en éprouvent un plus grand réconfort, dès lors qu'il n'y a pas de production de testostérone susceptible de limiter l'effet calmant de l'ocytocine. Une femme puise dans les conversations vénusiennes les bienfaits qu'elle retirerait d'entretiens thérapeutiques. Les patientes qui me consultent en tant que thérapeute ne s'adressent pas à moi pour faire évoluer leur partenaire, ce dernier est d'ailleurs absent des entretiens. Elles souhaitent trouver une aide pour recevoir elles-mêmes du réconfort. Il arrive qu'elles fassent appel à mes conseils et me questionnent sur les raisons qui ont conduit leur compagnon à prononcer tel mot ou à agir de telle façon. Elles me demandent aussi parfois comment induire un changement dans le comportement de leur partenaire. À ces occasions, je les guide à nouveau vers les émotions qu'elles éprouvent, afin qu'elles puissent ressentir le bien-être hormonal qu'elles sont venues chercher. Je ne leur apporte pas de solution ni de conseils, mais une écoute attentive et compatissante, en les ramenant vers les sentiments qu'il importe le plus pour elles d'explorer.

Les conversations vénusiennes offrent les mêmes avantages qu'une thérapie. Avec le temps, une femme y trouvera cependant davantage de bénéfice, parce que la proximité induite grâce à ce type d'échange permettra à son compagnon de mieux percevoir ses besoins et d'y accorder plus d'attention. Il se sentira motivé et plein d'énergie pour la soutenir.

LE DÉROULEMENT DES CONVERSATIONS VÉNUSIENNES

Une conversation vénusienne ne peut porter ses fruits que si chacun des conjoints vise le même objectif. La femme ne peut attendre de son conjoint qu'il s'excuse ou promette de se comporter différemment à l'avenir, ni exiger qu'il lui prouve qu'il est de son côté. Son unique rôle se borne à l'écouter avec attention et empathie.

Une conversation vénusienne est « JPI » (juste pour information.) Rien d'autre n'est exigé.

Si elle se plaint de l'ampleur de son travail, elle ne doit pas espérer qu'il lui propose son aide, qu'il passe prendre le nettoyage à sec, change une ampoule, paie les factures ou toute autre tâche qu'elle aura détaillée. Peut-être le lui proposera-t-il, et elle en sera contente, mais le but premier se limite à lui accorder un espace de parole pour se sentir écoutée. Si elle ne nourrit pas d'attente particulière, elle éprouvera plus de bien-être et son compagnon se montrera plus enclin à l'aider par la suite.

Tant que les femmes attendront des hommes plus que ce qu'ils apportent, elles recevront toujours moins.

Il est bon pour une femme de rappeler à son partenaire, lors de chaque conversation vénusienne, qu'elle n'espère pas recevoir de solution de sa part. Lors des premières discussions de ce type, les règles de base ne sont assimilées ni par l'un ni par l'autre des partenaires, et ils sont tous deux susceptibles d'oublier le rôle masculin, somme toute assez limité. Une de mes patientes ne semblait pas acquise à cette idée. Restreindre les échanges selon ce procédé lui paraissait artificiel et faux. Elle craignait qu'il ne soit frustrant de s'épancher auprès de quelqu'un qui ne chercherait pas à l'aider, voire ne s'intéresserait pas à ses propos.

Leur première tentative fut une réussite : elle perçut bien que son compagnon ne prêtait qu'un très faible intérêt à ses tracas, mais il ne l'interrompit pas. Pouvoir s'exprimer sans interruption masculine produisit un effet prodigieux sur son bien-être. Avec le temps et en prenant conscience des effets positifs de leurs conversations, le mari de cette patiente affina son écoute et s'impliqua davantage dans les paroles de sa femme.

Le seul fait de savoir qu'elle ne sera pas interrompue aide une femme à réduire son niveau de stress.

Certains hommes ont besoin d'avoir atteint un objectif avant de s'y intéresser. Quand ils ont découvert l'effet positif de leur attention, ils écoutent de bien meilleure volonté. Même si tout ce qu'elles partagent ne revêt pas le même intérêt à leurs yeux, ils apprécient de pouvoir soutenir leur compagne. Des achats vestimentaires, des histoires de bébé, des rumeurs du bureau et des projets de mariage ne captiveront jamais un homme autant qu'une femme !

Pourquoi certaines femmes oublient de s'épancher

Certaines femmes ne ressentent pas le besoin de s'exprimer. Elles sont trop occupées ou n'ont pas envie qu'on les importune. En apparence, elles paraissent provenir de Mars, mais leurs racines sont cependant bien vénusiennes. Les conversations unilatérales sont aussi susceptibles d'avoir des effets très bénéfiques pour ces femmes, mais elles ne pourront s'en rendre compte qu'à l'usage. Il arrive souvent que ces femmes aient choisi pour compagnon un homme très expansif. Avant de pouvoir exprimer leur ressenti, elles auront d'abord à l'écouter s'épancher, ce qui risque d'élever leur stress féminin. Les hommes ont le droit de confier leurs émotions, mais il est préférable pour la relation qu'ils se confient après avoir accordé à leur partenaire l'occasion de prendre la parole. Il s'agit d'une règle d'or de la communication entre hommes et femmes : le temps de parole masculin ne devrait jamais excéder le temps imparti aux femmes pour qu'elles se confient. Lorsqu'une femme est stressée et éprouve le besoin de s'épancher, entendre son compagnon exposer des problèmes supplémentaires ne contribuera qu'à renforcer son sentiment d'être débordée.

Une règle de base de la communication homme-femme consiste à toujours accorder à la femme davantage de temps de parole qu'à son conjoint.

De nombreuses femmes ignorent ce besoin d'exprimer leurs émotions. Elles pensent qu'il s'agit d'une attitude démodée, remontant aux années cinquante. Elles répugnent à s'identifier à l'image d'une femme geignarde, se plaignant constamment. Cette résistance à s'épancher est liée aux règles très martiennes du monde professionnel. Ce manque, quoique inconscient, les fait pourtant cruellement souffrir. En testant les conversations vénusiennes, elles commenceront à percevoir les avantages de la montée d'ocytocine.

Prévoir une conversation vénusienne

Au lieu d'attendre que le stress s'installe, pourquoi ne pas planifier des conversations vénusiennes, comme on prévoirait un dîner au restaurant ou un rendez-vous chez le psy ? Inutile d'en ressentir un besoin pressant. La pression causée par l'urgence du besoin restreint la production d'ocytocine. Planifiées, les conversations vénusiennes apportent un réconfort plus important car la femme peut alors se réjouir à la perspective de la prochaine discussion.

Idéalement, ce type de conversation dure dix minutes. Bien sûr, l'importance de la tension peut exiger qu'elle se prolonge. En cas de stress majeur, la consultation préalable d'un thérapeute ou d'un coach professionnel peut se révéler utile afin de ne pas déposer un poids trop lourd sur les épaules masculines.

Rappelons-le : au cours d'une conversation vénusienne, une femme a besoin d'exprimer son ressenti par rapport aux événements stressants de sa vie, et son partenaire peut lui répondre « Raconte-moi tout » ou émettre quelques onomatopées de compassion, d'un ton plein de compassion, indiquant qu'il écoute. Il n'est pas autorisé à formuler le moindre commentaire, ni elle à poser des questions.

Au terme des dix minutes, elle le remercie et il la prend dans ses bras. En général ils ne reviennent plus sur ses propos ; mais s'il souhaite émettre une remarque, il doit attendre au moins douze heures.

Au début, il semble difficile de combler les dix minutes, alors que par la suite elles passent trop vite. Pourtant, respecter le délai imparti permet de développer au fil du temps la faculté d'actionner l'interrupteur des sentiments négatifs. À l'usage, le corps et l'esprit s'entraînent à produire de l'ocytocine en peu de temps.

Ce type d'entretien présente aussi l'avantage de diminuer le stress pesant sur les échanges quotidiens. La cause majeure de disputes conjugales, c'est le surmenage. Les conversations vénusiennes ont un impact favorable tant sur le stress féminin que sur la tension masculine.

Les questions à aborder lors d'une conversation vénusienne

J'ai établi une liste des points à aborder au cours de ce type de conversation. Il s'agit de six questions auxquelles il faut apporter des réponses en pensant à sa journée, sa semaine, son enfance, ou à tout autre événement vécu.

Le subconscient connaît la source des préoccupations et relâchera la pression si on l'y autorise. La seule condition consiste à poser les questions et à exposer ce qu'elles évoquent. En prenant le temps d'explorer les sentiments qui émergent à chacune de ces questions, une femme verra son stress décroître et son niveau d'ocytocine s'élever.

Les questions à aborder

- Qu'est-ce qui vous a frustrée, ennuyée ou fâchée ?
- Qu'est-ce qui vous a déçue, attristée ou blessée ?
- Qu'est-ce qui vous a effrayée, inquiétée ou angoissée ?
- Qu'est-ce qui vous gêne, vous embarrasse, que regrettez-vous ?
- Que souhaitez-vous, quels sont vos besoins et vos attentes ?
- Qu'appréciez-vous, que comprenez-vous, en quoi avez-vous confiance ?

Il est bon de consacrer environ une minute et demie à chacune des questions et de partager son ressenti. Si la question concerne la colère, et qu'on se sent attristé, il est acceptable de confier les causes de la tristesse éprouvée, mais considérer aussi que ce qui a fondé la colère importe également. Ce guide est conçu pour permettre de rechercher les émotions enfouies en soi et de partager ses découvertes.

Limiter la durée des conversations vénusiennes à dix minutes habitue le corps et l'esprit à évacuer rapidement le stress. Ces échanges permettent aux femmes d'oublier complètement la notion de résultat, source de montée de testostérone. En parlant avec son partenaire, la femme renonce à son attente de le voir évoluer, mais elle renonce aussi à l'idée que ces conversations devraient toujours produire un effet cathartique. Même si s'épancher sur une question précise apporte du bien-être, il vaut mieux que le couple passe à la question suivante après une minute ou deux. Restreindre le temps imparti à chaque question entraîne l'esprit de la femme à explorer ses émotions avec plus d'efficacité et l'aide à passer avec souplesse d'un sentiment à l'autre.

Limiter le temps des conversations entraîne le corps et l'esprit à relâcher le stress dans un court délai.

En recourant régulièrement à ce type de conversations, un homme met en place une nouvelle habitude permettant à sa partenaire d'éviter le surmenage. Et lorsque l'humeur de sa femme est radieuse, l'homme éprouve lui aussi un grand bien-être. Avec le temps, il affinera sa capacité d'écoute, et il pourra aussi tenir compte du point de vue féminin. Bien sûr, il vaut mieux ne rien attendre, et surtout pas de changement majeur. S'il en survient, c'est parfait... mais exceptionnel.

Les règles de base

De nombreuses femmes imaginent à tort que leur partenaire répugnera à ces conversations. Un homme en ayant assimilé les règles de base et en percevant les bénéfices pour sa partenaire, est ravi d'y avoir recours. Il est crucial que la femme n'oublie pas de lui dire à chaque fois à quel point la conversation l'a aidée. Au début, le déroulement paraît mécanique, mais avec un peu d'entraînement il devient naturel. Ces conversations prennent leur sens et la femme éprouve du soulagement à la perspective d'y recourir.

Les conversations vénusiennes peuvent paraître mécaniques au début, mais avec le temps elles se déroulent facilement et naturellement.

Au début, recourir aux six questions énumérées ci-dessus facilite le processus. Avec le temps, cette structure perd de son utilité. Je conseille cependant de continuer à garder à l'esprit les émotions de base. Se concentrer sur les sentiments évite de faire dévier la conversation vers une recherche de solution. La tâche de l'homme consiste à s'assurer que chacune des émotions est prise en compte.

Certains couples choisissent une technique de base lors de leurs premières conversations vénusiennes : l'homme lit la première question, écoute la réponse de sa compagne, et après une minute et demie, dit « Merci ». Ensuite, il passe à la question suivante. Si elle s'arrête avant une minute et demie, il peut la questionner : « Et quoi d'autre ? »

À aucun moment, il n'offre de conseil ni ne suggère de réponse. Il ne s'excuse pas ; ne consent aucune promesse. Le seul dessein consiste à soutenir sa compagne alors qu'elle évacue sa tension.

Certaines femmes ont besoin de cette structure et l'apprécient ; pour d'autres, il semble plus efficace de simplement évoquer ce qui les stresse ou les dérange (comme dans l'exemple de dialogue repris au début de ce chapitre). Je suggère d'essayer cet outil à plusieurs reprises avant de décider de l'adopter ou non. Ces questions ont apporté une aide efficace à un grand nombre de personnes. J'y ai eu recours sous différentes formes au cours des vingt-cinq dernières années.

Essayez d'utiliser plusieurs fois les questions à couvrir avant de décider si vous allez y recourir.

Lors de la toute première conversation vénusienne, mieux vaut éviter d'exprimer des sentiments négatifs concernant son partenaire. Les autres sujets à aborder sont certainement nombreux. Le temps passant et l'expérience venant, il est possible d'y inclure aussi des sentiments liés à son compagnon. Les deux partenaires auront alors assimilé l'idée qu'exprimer des émotions n'implique pas l'espoir de voir son partenaire modifier son comportement.

Et lorsque les femmes ont abandonné l'idée de changer leur partenaire, celui-ci retrouve de l'énergie pour se montrer romantique et tendre. Les conversations vénusiennes apportent un nouveau souffle à la relation, rendant la femme plus réceptive et l'homme plus attentionné.

Les conversations vénusiennes produisent aussi des effets bénéfiques sur les hommes.

Un homme qui n'a rien à rectifier ou à améliorer, et à qui on ne demande pas d'éprouver de la culpabilité, peut se libérer l'esprit et se concentrer sur un seul objet : écouter. Les règles édictant qu'il n'a pas à se défendre ou à prendre de décision concernant les problèmes évoqués par sa partenaire l'autorisent à se focaliser davantage sur ses propos. En tant qu'auteur, il m'arrive souvent d'écrire pour découvrir ce que je souhaite exprimer. En tant que conférencier, je prends la parole pour mieux cerner mes idées. Ce même processus conduit les femmes à s'exprimer pour explorer les sentiments qui les animent.

L'écoute d'un homme aide une femme à cerner ce qu'elle ressent.

Il arrive que les femmes éprouvent des difficultés à se confier, par crainte de la réaction de leur conjoint. Les conversations vénusiennes leur apportent la garantie qu'il gardera son calme. La sécurité qui en découle permet de renouer avec leurs sentiments négatifs et positifs, qui sont toujours présents.

Se servir régulièrement de ces échanges émotionnels facilite la communication, ôtant des épaules féminines le poids d'obtenir l'attention de leur partenaire, et des épaules masculines la charge de résoudre les problèmes de leur compagne. Ces discussions libèrent les couples, leur permettant de mieux se comprendre et de surmonter ensemble les difficultés du quotidien.

Les hommes et les émotions

À ce stade, se pose la question du besoin éventuel qu'éprouve un homme d'exprimer ses propres émotions. Ce concept n'est pas étranger aux hommes, mais ceux-ci n'aiment s'ouvrir qu'après avoir fait l'amour ou en admirant un coucher de soleil. Partager ses émotions permet à un homme de se rapprocher de sa compagne, mais cela n'a pas d'impact sur son stress.

Exprimer ses sentiments n'est pas pour un homme la meilleure façon de relâcher la pression.

Un homme gagnera à explorer ses émotions et à exprimer ses sentiments s'il éprouve la nécessité de guérir de son passé ou afin de surmonter des événements particulièrement difficiles. Il obtiendra les meilleurs résultats en recourant à un journal intime, ou en consultant un thérapeute ou une personne autre que sa partenaire. Le meilleur appui que sa compagne pourra lui procurer consiste à lui accorder l'espace et la considération dont il a besoin.

Un homme qui s'intéresse aux sentiments de sa compagne se sent plus amoureux. En revanche, une femme, se concentrant sur le ressenti de son partenaire, développe à son égard des sentiments maternels ; elle a souvent tendance à prendre des initiatives, afin de résoudre ses problèmes à sa place. Ces interventions affaiblissent un homme et pèsent sur les responsabilités de sa partenaire.

Un homme gère mieux son stress en prenant personnellement en charge ses problèmes et en se montrant présent pour elle qu'en recevant son soutien. Les conversations vénusiennes sont aussi salutaires pour un homme qui subit une période difficile. Se concentrer sur les tracas féminins lui permet d'oublier ses propres préoccupations. Il éprouve le même soulagement en regardant les actualités : se focaliser sur les problèmes des autres le conduit à placer temporairement les siens de côté.

Il accomplit un geste concret susceptible de soutenir sa partenaire et, en assumant la simple fonction d'écouter, il oublie ses soucis.

En prenant le temps d'écouter, l'homme oublie momentanément ses propres problèmes.

Les bénéfices apportés par cet outil sont nombreux : mieux comprendre les difficultés de sa partenaire le motive pour se montrer plus affectueux ; il prévoira davantage de sorties agréables et romantiques, et s'impliquera dans les tâches ménagères.

Il éprouve aussi un sentiment d'accomplissement : il est parvenu à l'aider sans avoir eu à résoudre lui-même ses problèmes.

Il faut se souvenir que la capacité d'empathie n'est pas aussi développée chez l'homme que chez la femme. Le siège des émotions dans le cerveau est deux fois plus développé chez la femme, et l'amygdale, où est localisé le stress chez l'homme, est deux fois plus volumineuse et reliée à la zone qui commande l'action. Sa nature le porte à agir pour résoudre les défis. Mais en identifiant le véritable problème de sa partenaire – le niveau trop bas d'ocytocine –, il peut aisément agir pour l'aider à reconstituer sa réserve.

Avec la pratique, la partie liée à l'empathie commence à se développer dans le cerveau. Il s'agit d'un des miracles de la neurologie : on perd l'usage des parties du cerveau non exploitées, mais, en répétant une conduite, on permet à de nouvelles cellules et synapses de se constituer. Un homme qui s'entraîne à écouter les émotions développe sa faculté d'empathie et de compassion. Il n'est pas devenu semblable à une femme, mais il a appris à entendre avec son cœur.

CHAPITRE 10

Trouver l'amour où il se trouve

Afin de transformer son foyer en havre de paix où chacun peut se ressourcer, il faut oublier, nous l'avons vu, l'espoir irréaliste d'avoir un partenaire parfait. À première vue, le rêve d'un prince charmant peut sembler romantique. Pourtant, aimer son partenaire exactement tel qu'il est, avec ses qualités et ses défauts, garantit l'amour véritable et durable.

Une décision intelligente consiste à abandonner l'idée de trouver auprès de son compagnon la principale source d'amour. Au lieu de regretter de ne pas recevoir ce qu'il ne peut offrir, on se réjouit au contraire du soutien apporté. La plupart des couples heureux ont découvert qu'il leur était possible de trouver de multiples sources d'amour, extérieures à leur union.

Ajuster ses attentes pour les rendre plus réalistes n'implique pas de renoncer à être comblé.

En cherchant ailleurs qu'auprès de son partenaire l'amour et le soutien qui font défaut, on stimule sa production hormonale, augmentant ainsi les chances de se sentir heureux. Dès qu'on a l'impression de ne pas recevoir suffisamment d'amour de la part de son partenaire, la règle des 90/10 doit revenir à l'esprit. Il s'agit alors d'assumer la responsabilité de son bien-être, jusqu'à un niveau agréable puis de laisser son partenaire apporter le soutien nécessaire pour atteindre un niveau de grand bonheur.

Nous étudierons au cours de ce dernier chapitre les manières de trouver l'amour et le soutien nécessaires pour atteindre les 90 % du bien-être. Prendre soin de soi et trouver auprès d'autres sources le réconfort attendu soulage le partenaire d'un travail herculéen.

En trouvant de l'amour et du soutien indépendamment de son partenaire, on le soulage d'une tâche insurmontable.

Ces différentes sources de soutien sont comparables à des vitamines. L'amour romantique apporté par un partenaire est une forme de vitamine. En cas de manque de cette vitamine, la prise d'une nouvelle dose produit des effets notables sur la santé et le bien-être. Mais si l'on souffre du déficit d'une autre vitamine, peu importent les efforts de son compagnon, le manque se fera encore sentir.

Imaginons que votre partenaire n'aime pas les films sentimentaux. Vous pouvez déplorer de ne pouvoir partager avec lui des moments plaisants, ou vous réjouir à l'idée de vous rendre au cinéma avec des amies qui partagent vos goûts. Au lieu de vous sentir dépossédée d'un dû, vous pouvez apprécier ce qui vous est offert. Ce changement de vision des choses est le fondement qui transforme les rêves en réalité. Plus on apprécie ce que l'on reçoit, plus on voit ses besoins comblés.

Une autre attente utopique consiste à espérer que son partenaire soit exactement semblable à soi. Si c'était le cas, aucune innovation ne serait possible. Les goûts communs sont confortables, mais trop de confort mène à l'ennui. Les différences entre hommes et femmes permettent de préserver l'attirance et la passion. Parallèlement au respect pour les spécificités de l'autre, il est bon de créer parfois une certaine distance. Il faut passer du temps loin l'un de l'autre pour goûter les retrouvailles.

Compter sur son partenaire comme unique source d'amour revient à épuiser les ressources d'énergie.

**Pour vivre la joie des retrouvailles,
il faut avoir pris le large.**

En assumant la responsabilité de son bonheur, on apprend à équilibrer sa relation amoureuse, non vers la perfection, mais vers la sérénité. Dans ce chapitre, nous passerons en revue les nombreuses sources d'amour et de soutien qui embellissent la vie et contribuent au bonheur.

COMMENT REMPLIR SON RÉSERVOIR

Une fois admise l'idée qu'il appartient à chacun d'assumer la responsabilité des 90 % de son bien-être, le bonheur n'est plus loin, car la suite apporte essentiellement du plaisir. Parfois, la vie actuelle paraît tellement survoltée qu'on a l'impression de ne plus avoir aucun espace pour penser aux suggestions énumérées ci-dessous. Pourtant, vous seul(e) êtes susceptible d'équilibrer votre vie. En prenant du temps pour vous, vous aurez agi avec efficacité pour désamorcer les effets handicapants du stress...

Voici trois domaines dans lesquels puiser le soutien susceptible d'alléger le stress...

- Sa vie intérieure.
- Un réseau de soutien.
- Son bien-être.

Trouver plusieurs façons d'embellir sa vie apporte un profond sentiment de plénitude qui relègue le stress aux oubliettes.

Prendre soin de sa vie intérieure

En négligeant de s'accepter et de prendre soin du meilleur en soi, on éprouve de la difficulté à construire une relation profonde et durable avec une personne. Nous allons maintenant rechercher plus particulièrement comment prendre soin d'une vie intérieure intense, de façon à alléger les relations avec autrui.

Afin de renforcer sa vie intérieure, il faut :

- trouver du soutien en s'aimant davantage ;
- trouver du réconfort au travers d'une religion ou d'une source d'inspiration ;
- trouver du soutien en repensant ses priorités ;
- trouver du soutien par le biais d'une thérapie ou avec l'aide d'un coach.

Trouver du soutien en s'aimant davantage

Pour recevoir l'amour des autres, il faut d'abord s'aimer soi-même : se traiter avec bienveillance, respect et compassion est le fondement du bien-être. Il est irréaliste d'attendre d'un partenaire qu'il comble le manque de confiance et d'estime de soi. Son soutien ne suffira jamais, parce qu'il faut d'abord construire une image de soi saine et positive avant de se convaincre de la légitimité de l'amour reçu d'un(e) autre.

Au début de la relation, côtoyer le nouvel élu de son cœur suffit à procurer un sentiment de bien-être. On se voit réfléchi dans les yeux de l'autre. La nouveauté estompée, il faut apprendre à trouver ce même amour et cette même admiration en soi.

Une technique pour augmenter l'amour pour soi consiste à se traiter comme on traite un être aimé. Prendre grand soin de son corps en l'alimentant sainement, en le soumettant à un exercice bénéfique et en lui accordant un repos réparateur contribue à éprouver de l'amour pour soi. Il ne faut pas laisser les autres vous maltraiter ou vous dénigrer, car cela nuit aux sentiments qu'on éprouve envers soi-même. En cherchant comment s'apporter de l'amour, on ouvre la porte à l'amour des autres.

TROUVER DU SOUTIEN SPIRITUEL OU D'AUTRES SOURCES D'INSPIRATION

Le soutien spirituel ou les sources d'inspiration, importants pour l'équilibre, revêtent une plus grande signification en période de stress. À défaut de se référer à un ordre supérieur ou de se connecter à un potentiel intérieur, on a tendance à reporter ce besoin de perfection sur son partenaire en nourrissant des attentes irréalistes. Cette demande de perfection montre qu'on a omis de se connecter à une instance supérieure, ou qu'on ne voit pas sa vie comme faisant partie d'un tout qui nous dépasse. Dans certains cas, une thérapie ou des séminaires de développement personnel peuvent combler ce besoin, car ils aident à découvrir sa propre personnalité et son potentiel intérieur.

Trouver du soutien en repensant ses priorités

Il est crucial d'établir clairement la priorité à soi et à sa famille, sinon on a l'impression de ne pas compter de façon prioritaire pour son partenaire. Se centrer sur l'important permet d'abandonner l'idée d'aider tout le monde. Les objectifs ne peuvent tous être atteints simultanément. Hommes et femmes doivent accorder la primauté à la gestion de leur stress pour recevoir l'amour qu'ils se vouent l'un à l'autre.

Trouver une aide thérapeutique en consultant un psychologue ou un coach

S'il subsiste des problèmes non résolus de l'enfance, il est crucial de les traiter en dehors du couple. La thérapie psychologique et le coaching de vie sont une source importante de soutien, mais ils permettent aussi d'abandonner le souhait toxique de chercher auprès de son partenaire à la fois un professeur, un parent et un guide.

Les séances individuelles donnent l'occasion d'évacuer les émotions négatives et les souvenirs douloureux, tout en explorant ses objectifs et stratégies. Le cadre confidentiel de telles séances garantit de ne blesser personne : on le sait, ce qu'on aura confié ne sera pas retenu contre soi. De nombreuses unions sont altérées par le fait que les partenaires n'ont personne d'autre à qui parler. Certains répriment ce qu'ils souhaiteraient exprimer, alors qu'au contraire d'autres voient leurs sentiments négatifs émerger à un moment inadéquat.

Il est utile de se souvenir qu'il faut deux personnes pour créer un conflit ; mais qu'une seule suffit pour améliorer la situation. Dans les moments où l'on éprouve ressentiment, résistance ou rejet à l'égard de son partenaire, on voit son existence empoisonnée : cela empêche de trouver une issue positive au problème. Accepter que son moral touche le fond pendant un délai trop long revient à perdre sa capacité intérieure à faire ressortir le meilleur de l'autre.

Il reste cependant la possibilité de gérer ses problèmes pour faire émerger le meilleur de soi. Assumer sa part de responsabilité permet d'opérer les petits ajustements nécessaires, susceptibles d'avoir un impact énorme sur toutes les relations : professionnelles, amicales et familiales.

Trouver du soutien auprès d'un réseau

Le sentiment d'isolement occupe une place importante dans la montée du stress dans le monde actuel. Le temps disponible pour la vie privée est de plus en plus restreint en raison des contraintes professionnelles. Les personnes apparentées sont éparpillées aux quatre coins du pays ou du monde, et le filet de sécurité qu'apporte la famille élargie n'est plus toujours accessible de nos jours. Il est possible, grâce aux nouvelles technologies, de rester chez soi, d'y travailler, d'y faire ses courses. Ne plus côtoyer personne renforce ce sentiment d'isolement. Les téléphones mobiles, les textos et autres MSN ou Skype donnent l'illusion d'une grande proximité, mais il ne s'agit que d'une communication électronique. Les cyber-amitiés et les forums de soutien apportent des relations manquant de véracité et dénuées du plaisir que peut procurer un échange amical physique. On éprouve la nécessité de véritables moments de rencontre.

L'isolement ne joue pas un rôle positif face au stress. Alors que la solitude paraît plus pénible pour les femmes que pour les hommes, ces derniers éprouvent pourtant le désir de partager des activités avec d'autres êtres humains. Vivre loin du reste du monde amène les conjoints à porter une charge trop lourde. Il importe de tempérer le besoin de dépendance envers son partenaire en nouant des relations avec d'autres personnes. Ce soutien est à rechercher auprès :

- des membres de sa famille,
- des amis,
- du travail et des collègues,
- d'un mentor,
- d'un groupes de soutien,
- d'autres couples.

TROUVER DU SOUTIEN AUPRÈS DES MEMBRES DE SA FAMILLE

Une source importante de stress aujourd'hui réside dans l'éclatement des familles. Se sentir proche des personnes à qui l'on est apparenté est nécessaire pour les hommes et crucial pour les femmes. Rester en contact avec sa famille et passer du temps avec les siens apporte une source intarissable de réconfort à l'âme féminine. Faute de pouvoir compter sur les membres de sa famille, on reporte ce besoin sur son conjoint.

Les parents apportent pourtant une forme d'amour unique, reliant la personne à son passé et son histoire. Ce soutien procure un sentiment d'appartenance et de sécurité. Sans ce fondement, le risque consiste à rechercher auprès de son partenaire une forme d'amour parental, ou de tenter de se conduire comme un parent à son égard. Dans un premier temps, il peut sembler agréable de substituer une relation amoureuse à une relation parentale, mais rapidement cette confusion mène à l'extinction de la passion.

Quand on éprouve le besoin de soutien parental et qu'il n'est pas disponible, quelle qu'en soit la raison, il convient de s'adresser à un thérapeute. Un professionnel de la psychologie ou un coach ont la capacité d'apporter l'aide nécessaire et de guérir des manques de l'enfance.

Trouver du soutien auprès de ses amis

À défaut d'entretenir ses relations amicales, on risque de charger son partenaire de combler ce vide. Le besoin d'amitié est vraiment important, car sans ami on risque de nourrir des attentes irréalistes envers son partenaire. La femme attend de son compagnon qu'il se montre aussi bavard qu'une amie, et l'homme attend de sa compagne qu'elle se révèle aussi facile à vivre ou peu exigeante que ses amis masculins. De nombreux couples, ayant perdu la passion des débuts, voient en leur partenaire leur meilleur ami. Leur union gagnerait pourtant à ce qu'ils se trouvent un meilleur ami, ou une meilleure amie, en dehors du lien amoureux. L'amitié au sein du couple n'est pas entièrement néfaste, mais une certaine distance aide à préserver l'attirance.

Trouver du soutien dans le cadre de sa profession ou auprès de ses collègues

Les plus chanceux vouent une réelle passion à leur profession. Mais même en effectuant un travail peu épanouissant, on a l'occasion de nouer des relations avec ses collègues, des clients, et toutes les personnes travaillant dans la même branche. Les possibilités d'assister à des congrès professionnels, à des pots d'entreprise ou à d'autres rassemblements permettent d'élargir son réseau de soutien.

Les personnes qui ne travaillent pas à l'extérieur peuvent s'impliquer dans une occupation bénévole ou une association caritative. Cela leur donne l'occasion de côtoyer d'autres personnes œuvrant à un objectif commun : aider les moins chanceux – une activité susceptible d'élever à la fois le niveau d'oxytocine et de testostérone.

Si l'on ne peut trouver un sens à son occupation professionnelle, le risque consiste à charger son partenaire de rendre sa propre vie plus pleine. Un lien affectif, aussi puissant soit-il, ne peut remplacer la nécessité d'accomplir son propre dessein. Le sentiment de contribuer d'une façon ou d'une autre au bien-être d'autres personnes est crucial pour chacun. Il permet de consolider sa confiance en soi et de s'identifier comme un maillon de la chaîne humaine. L'échec à se sentir utile en dehors de son foyer conduit à la dépendance affective envers son conjoint. Les femmes ont l'impression de ne pas revêtir suffisamment d'importance pour leur partenaire, les hommes deviennent irritables.

TROUVER DU SOUTIEN AUPRÈS D'UN MENTOR

Trouver une personne plus âgée (ou plus mûre) à qui l'on voue confiance et respect, donne l'occasion de lui exposer ses soucis afin qu'elle les écoute et prodigue ses conseils. Cette personne peut faire partie de l'entourage privé ou professionnel ; elle a vécu une existence bien remplie et peut vous faire profiter de son expérience. Ses conseils s'enracinent dans son vécu, et notamment dans les difficultés qu'elle a rencontrées, ce qui lui donne une vision plus détachée des soucis actuels qu'on lui expose. À défaut de trouver un mentor, le risque consiste à regretter que notre partenaire ne puisse nous épauler avec davantage de sagesse et qu'il ne puisse fournir les réponses à nos questions.

Trouver un groupe de soutien

L'une des meilleures façons de stimuler la production d'hormones bénéfiques consiste à rallier un groupe de soutien avec des personnes de son sexe. Les groupes de soutien féminins produisent un effet extraordinaire sur la production hormonale parce qu'ils donnent l'occasion de « prendre soin et se lier d'amitié », ce qui s'apparente à la stratégie féminine instinctive pour réduire le stress. Le simple fait de se retrouver ensemble élève le niveau d'oxytocine. Prévoir quelques heures par semaine pour partager les événements quotidiens avec des relations féminines apporte un grand réconfort. Il peut s'agir d'un groupe de lecture ou de bridge, ou encore d'une pratique sportive avec des amies, suivie d'un café pris en commun. Ces échanges sont utiles pour remplir son réservoir émotionnel.

Penser à cette prochaine occasion de se réunir fait déjà grimper le niveau d'oxytocine.

La plupart du temps, les hommes comblent leur besoin de complicité masculine dans leur vie professionnelle, mais certains apprécient également de fréquenter des groupes de soutien masculins, où ils peuvent exprimer ce qu'ils souhaitent sans avoir à choisir leurs mots. Aller au cinéma entre copains, faire partie d'une équipe sportive ou simplement assister à un match « entre mecs » sont des façons d'élever le taux de testostérone. Un homme passant trop de temps en compagnie de femmes ou fréquentant seulement sa partenaire peut subir une baisse de son niveau de testostérone. La fatigue l'assaillira lorsqu'il se trouvera en présence de sa compagne s'il n'a pas l'occasion de s'oxygéner hors de leur couple : elle n'est pas fautive, il ne s'agit que d'un manque de temps passé avec ses semblables de la gent masculine.

Le groupe de soutien est particulièrement important pour les hommes travaillant dans des secteurs à prédominance féminine, comme la mode, la publicité, les écoles et les hôpitaux. Entouré de femmes, un homme peut rapidement s'épuiser s'il n'a pas l'occasion de se régénérer en fréquentant d'autres Martiens de temps à autre.

Trouver du réconfort dans la compagnie d'autres couples

Passer du temps avec son conjoint et d'autres couples ressource la relation, lui apportant de nombreux bienfaits. On se retrouve en présence de son partenaire, et on le perçoit à travers les yeux d'autres personnes, ce qui apporte une impression de nouveauté dans le lien affectif.

Côtoyer d'autres couples permet de raconter de vieilles histoires ou d'évoquer sa vie actuelle. Privé de cette occasion, on n'aborderait probablement pas ces sujets avec son partenaire, qui les connaît déjà. Mais les couples d'amis ignorent souvent tout de la rencontre du couple, des événements qui en ont marqué l'histoire et de ses projets.

De surcroît, parler politique, cinéma ou théâtre avec d'autres couples apporte des idées et des points de vue novateurs : cela permet d'élargir ses centres d'intérêt. De plus, entendre son partenaire exprimer son avis conduit à l'admirer et à l'apprécier davantage.

Discuter avec la même personne au fil du temps renvoie une certaine image de soi-même. Élargir le cercle des interlocuteurs conduit à évoquer de nouvelles idées ou à réfléchir à de nouvelles opinions. Bien qu'adressées à d'autres personnes, ces nouvelles idées sont également entendues par son partenaire : cela insuffle fraîcheur et renouveau à la relation.

Prendre soin de son bien-être

Une fois élargi le cercle des personnes sur lesquelles s'appuyer sans dépendre de son partenaire, l'étape suivante consiste à trouver des façons de mieux vivre sa vie. S'engager dans des activités passionnantes est valorisant. Emplir son réservoir affectif et nourrir son corps et son esprit permet de décupler son enthousiasme et son énergie. Le stress a moins de prise sur le moral et ne brisera plus l'élan vital. Afin de vivre une existence joyeuse, de limiter la tension et la pression, on peut envisager de :

- repenser son alimentation, l'exercice auquel l'on s'adonne et son sommeil ;
- réviser son emploi du temps ;
- penser à son repos, sa détente, ses passions et ses vacances ;
- provoquer des événements ;
- poursuivre sa formation ;
- apporter un amour inconditionnel à des enfants, des personnes dans le besoin ou un animal domestique ;
- trouver des livres, films, pièces de théâtre, expositions artistiques et émissions de télévision ;

- trouver une aide ménagère.

AMÉLIORER SON ALIMENTATION, S'ADONNER À DAVANTAGE D'EXERCICE ET AMÉLIORER LA QUALITÉ DE SON SOMMEIL

Faute d'avoir adopté un régime sain, de nombreuses personnes sont en proie à des sautes d'humeur, d'angoisse et de dépression. Savoir quels aliments choisir pour atteindre un meilleur niveau de santé a un grand effet sur la gestion du stress.

La simple élimination de certains aliments peut réduire la fatigue et le stress en quelques jours. Il existe de nombreux minéraux nécessaires au cerveau, qui ont, grâce à des prises complémentaires, des répercussions immédiates et saines sur la chimie du cerveau. Je vous renvoie à mon dernier ouvrage *Mars et Vénus au régime*, pour découvrir un programme améliorant la santé des hommes et des femmes.

Manger sainement et prendre régulièrement de l'exercice, cela peut considérablement favoriser la confiance en soi et le bien-être. Même un peu d'exercice, quelques heures par semaine, apporte un changement considérable. Prendre le rythme de s'exercer dès le matin améliore de surcroît la qualité du sommeil.

Une nuit d'au moins huit heures de sommeil est nécessaire pour restaurer le niveau hormonal adéquat et permettre au corps de récupérer. Les personnes respectant ce besoin vivent plus longtemps et en meilleure santé.

L'exposition aux produits chimiques de l'air, de l'eau, de la nourriture et de l'environnement impose de trouver des moyens de nettoyer le corps au niveau cellulaire. La détoxification est l'une des plus anciennes pratiques de guérison. Chaque culture, chaque religion ont prévu des techniques de purification ou de jeûne en certaines occasions. Le besoin de détoxification est d'autant plus important aujourd'hui, alors que l'exposition aux toxines s'est accrue. La pollution est telle que les méthodes anciennes de détoxification risquent d'être trop radicales ou inefficaces.

Le besoin de détoxiquer ses cellules est plus important aujourd'hui, car l'exposition aux toxines a augmenté.

Un jeûne modéré peut se révéler efficace pour aider le corps à neutraliser, détruire puis éliminer l'acide toxique et réduire l'inflammation. (Je vous renvoie à l'annexe A de cet ouvrage pour plus d'informations sur la façon de réduire le stress par la détoxification.)

Vous pouvez également consulter *Mars et Vénus au régime* pour repérer des façons de retrouver le bien-être en détoxifiant vos cellules. Après avoir éliminé les toxines, les cellules sont à même de recevoir les nutriments et de s'oxygéner. Cela apporte plus d'énergie et permet de prévenir de nombreuses maladies graves.

En prenant en charge ses besoins physiques et en s'occupant de soi, on ressent rapidement un sentiment positif à son égard et à l'égard de son existence. On se perçoit en vainqueur, débordant d'énergie et d'amour à partager.

RÉVISER SON EMPLOI DU TEMPS

Négliger de ménager suffisamment d'espace pour soi dans son emploi du temps conduit au sentiment que son partenaire ne lui consacre pas assez de temps. Si on ne parvient pas à s'occuper de soi d'abord, inutile d'attendre qu'autrui puisse le faire. Idéalement, les couples très occupés devraient prendre leurs agendas pour prévoir des moments à passer ensemble.

Grâce à certains événements particuliers notés dans leur agenda, les femmes peuvent se souvenir qu'elles ne sont pas seules et voir venir une date avec plaisir. Pour un homme, prendre son agenda est important, faute de quoi il peut facilement oublier de goûter aux joies de sa relation de couple. Trop occupé à régler les problèmes afin de subvenir aux besoins de ceux qu'il aime, il oublie de passer du temps avec eux. Il ne perçoit ni le temps qui passe ni à quel point sa présence est nécessaire et appréciée.

PENSER À SON REPOS, SA DÉTENTE, SES LOISIRS ET SES VACANCES

En négligeant de se reposer et de se détendre, on court le risque d'être injuste envers son partenaire, espérant qu'il soit source de distraction ou qu'il rende la vie plus amusante. Lorsque l'existence paraît ennuyeuse ou sans relief, on blâme son partenaire, au lieu de s'accorder le temps de prendre du plaisir. Il existe mille façons de s'amuser. Pêcher, rouler à vélo, jouer au poker, élever des abeilles... sont des stratégies typiquement masculines pour consacrer du temps à une activité de loisirs, permettant à l'esprit masculin de prendre des vacances. Les femmes, quant à elles, bénéficieront de petits voyages qui leur permettront d'oublier tout ce qu'elles ont à faire. Manger au-dehors est très relaxant pour une femme, car cela lui ôte la charge de réfléchir au menu, d'assumer les courses, de préparer le repas et de tout nettoyer par la suite. Bien que ces tâches puissent constituer une source de plaisir, toutes les femmes ont besoin de pouvoir se mettre en congé de temps en temps.

Provoquer des événements

Des occasions comme les fêtes de famille, les anniversaires, les mariages ou les anniversaires de mariage, les fêtes religieuses ou spirituelles, ou encore les bals, soirées dansantes ou concerts publics offrent autant de possibilités d'échapper à la routine. Si on ne peut assister à ce genre de manifestation régulièrement, le risque survient d'attendre de son partenaire qu'il comble ce besoin de sortir de l'ordinaire. Il est important de pouvoir vivre ces événements particuliers en compagnie d'un grand nombre d'autres personnes, afin de partager la joie et l'amusement dans un groupe élargi. Le couple ne peut combler ce besoin.

Poursuivre sa formation continue

Une bonne source de renouveau réside dans la formation continue. Accroître ses connaissances et compétences contribue à produire les hormones apportant un effet bénéfique sur le stress ; cela stimule aussi le développement du cerveau en instaurant de nouvelles connexions neurologiques.

Suivre un cours à l'université proche de chez soi ou assister à un séminaire de développement personnel ou spirituel sont des occasions d'apporter du renouveau à son existence et de découvrir une nouvelle passion ou d'acquérir de nouveaux talents. Participer à des cours de cuisine, de danse, de poésie ou à un atelier d'écriture, de peinture ou de dessin est source de nombreux plaisirs.

La formation continue a des effets très positifs sur l'esprit : ceux du débutant. Le secret de l'énergie et de la vitalité des enfants, c'est leur goût de la découverte. En suivant des cours et en acquérant de nouvelles connaissances grâce à des personnes passionnées par leur sujet, un nouveau monde s'ouvre à vous. Cet état d'esprit conduit à prendre conscience de nouveaux aspects de son environnement, à apprécier les beaux côtés de la vie et de son couple. On perçoit son partenaire sous un autre jour, on découvre chez lui de nouvelles qualités à admirer et à aimer.

Apporter un amour inconditionnel à des enfants, à des personnes dans le besoin ou à un animal domestique

Chacun est animé du besoin de donner et de recevoir un amour inconditionnel. Ce genre d'amour conforte dans l'idée d'une richesse intérieure et donne le sentiment d'occuper une place sur terre et de pouvoir contribuer au bien-être général. En fin de compte, la raison de notre présence ici-bas est d'échanger de l'amour – une vérité souvent oubliée et masquée par les pressions du monde réel. Le défi consiste à s'en souvenir et à l'appliquer selon ses talents et capacités personnels.

Le plus indiqué consiste à faire don de façon inconditionnelle à ceux qui en ont vraiment besoin, et ont peu à offrir en retour si ce n'est de l'amour. En s'occupant d'enfants, d'animaux, de personnes dans le besoin ou handicapées, non seulement on aide ceux qui sont le plus susceptibles de l'apprécier, mais on goûte également à la joie de donner sans rien attendre en retour.

L'une des raisons expliquant le grand plaisir des débuts d'une histoire amoureuse, c'est le don généreux alors accordé. On offre sans compter, persuadé de recevoir l'amour en retour. Si on est déçu dans ses attentes, les réticences et le ressentiment prennent le pas sur la générosité. À ce moment-là, la véritable source de la douleur, c'est d'avoir cessé de donner de façon inconditionnelle.

La plus grande souffrance survient quand on cesse de donner l'amour sans compter.

En choisissant d'aider ceux qui ne peuvent donner en retour, on retrouve les joies du don inconditionnel. Cela procure un sentiment de plénitude bénéfique pour le lien amoureux.

TROUVER DES LIVRES, FILMS, ŒUVRES D'ART ET ÉMISSIONS DE TÉLÉVISION

La lecture, les films, les pièces de théâtre et autres spectacles ou la télévision apportent aussi une grande source de renouveau. En s'assurant de trouver par ce biais suffisamment de détente et d'amusement, on évite de s'appuyer sur son partenaire pour combler ce manque.

Un bon film d'action ou d'aventures stimule la production de testostérone d'un homme, alors qu'une comédie romantique ou une histoire de filles fait des merveilles sur le niveau d'oxytocine d'une femme. S'installer dans un fauteuil avec un bon livre est une excellente façon de retrouver la sérénité en période de stress, parce qu'un livre ouvre les portes d'un autre monde et suscite des idées nouvelles. L'art, la musique et les spectacles de danse offrent l'occasion de s'élever spirituellement en se souvenant que chacun de nous dispose de talents sommeillant au fond de soi.

Écouter les histoires des autres permet de songer à sa propre histoire. Cela ôte l'envie de placer son partenaire au centre de sa vie à l'exclusion d'autres formes de soutien et d'amour : les sources d'amusement sont là pour inciter à chercher l'amour là où il réside.

Trouver une aide ménagère pour soulager le quotidien

Il y a tant à faire et si peu de temps pour l'accomplir, qu'il est utopique d'espérer voir son intérieur aussi bien tenu que l'était celui de ses parents, sans pouvoir compter sur une aide extérieure. Assumer davantage de tâches que ne le permet son énergie constitue une source de stress supplémentaire, tant pour les hommes que pour les femmes. Un homme ne devrait pas espérer que sa compagne pourra se charger de tout. S'il n'a pas la force de la seconder le soir en rentrant et les week-ends, le couple devrait engager une aide ménagère. Sans aide, leur surmenage à tous deux les empêchera de profiter de leur temps de couple.

Il faut se souvenir que lorsque les femmes assumaient seules l'entretien de la maison et la prise en charge des repas, elles ne devaient pas travailler à l'extérieur au quotidien. Les hommes ont besoin de repos à la fin de leur journée, les femmes doivent pouvoir trouver aussi des moments de détente. Une aide ménagère peut faire toute la différence pour les foyers débordés, dans l'incapacité de tout assumer.

Le rythme actuel du monde est tel que les femmes au foyer ont elles aussi besoin d'aide. Les agendas enfantins de « ministre » sont une réalité aujourd'hui, et les mères consacrent un grand nombre d'heures pour mener leurs enfants d'une activité à une autre – elles méritent bien de s'octroyer aussi du temps pour améliorer leur bien-être.

Les femmes travaillant loin de chez elles devraient pouvoir consacrer une part importante de leur salaire à engager une personne pour les soulager du ménage ou du repassage. La femme dont l'activité principale consiste à s'occuper d'une famille éprouve sans doute le même besoin d'aide. Sans ce soutien, elle se sentira vite débordée et exercera une pression néfaste sur son partenaire afin qu'il la soutienne : s'il est déjà épuisé par sa journée de travail, requérir de lui cette énergie supplémentaire sera la goutte d'eau qui fera déborder le vase.

Si vous ne pouvez vous permettre d'engager une aide ménagère, la meilleure solution consiste à partager le travail pour soulager le quotidien et à déterminer qui fera quoi et quand.

RÉALISER SES RÊVES

Rechercher l'amour là où il se trouve est une des meilleures stratégies que je connaisse pour aider les couples à voir leurs rêves se réaliser. Rien n'est plus beau que le sentiment d'avoir beaucoup à donner, au lieu de se sentir vidé. Mais cette stratégie s'accompagne d'une mise en garde.

Il faut prendre garde à ne pas utiliser l'amitié et le soutien de ses amis, de son thérapeute ou de sa famille pour nuire à son lien conjugal. Dans certains cas, on en arrive à se servir du soutien reçu ailleurs pour blesser son partenaire. Voici quelques exemples illustrant le mauvais usage du soutien reçu en dehors du couple.

- « Mes amis m'acceptent comme je suis. Pourquoi n'y parviens-tu pas ? »
- « Au travail, tout le monde me trouve génial. Toi, tu n'es jamais d'accord avec ce que je dis. »

- « C'était une magnifique exposition. J'aurais tant aimé que tu sois là pour que nous puissions la voir ensemble. »
- « Dans mon groupe de soutien, tout le monde me comprend. Pourquoi ne peux-tu y arriver ? »
- « J'aime tellement jardiner. J'aimerais tant que tu aimes le jardinage autant que moi. »
- « Je sais que tu n'aimes pas les films d'action. Mais la femme de Bernard va les voir avec lui. »
- « Le mari de Christine est un bon cuisinier. J'aimerais que tu cuisines avec moi toi aussi. »
- « Le marché bio est vraiment un endroit où l'on retrouve beaucoup de gens partageant les mêmes points de vue. Si seulement tu voulais m'accompagner, je n'aime pas y aller seule. »
- « Je me suis tellement bien amusée à mon cours de danse. Je ne sais pas pourquoi je dépense autant d'énergie à apprendre à danser. Tout ce que tu fais, toi, c'est rester assis devant cette télévision. »
- « Quel beau coucher de soleil ! Et tu ne l'as même pas vu, tu étais trop occupé par tes coups de téléphone. »
- « Regarde ce couple amoureux. Je me souviens qu'à une époque, tu me tenais aussi la main. »

Ces remarques se fondent sur les manques que l'on perçoit dans le comportement de son conjoint, sans prêter attention à tout ce qu'il ou elle apporte. Au lieu de ressentir de la gratitude et de la plénitude pour tout ce que son entourage a pu apporter, on s'en sert pour critiquer son partenaire. Alors que ce soutien extérieur aurait pu enrichir la relation, il lui rapporte moins. Dans certains cas, ce qu'on a reçu ailleurs conduit à éprouver un ressentiment accru envers son partenaire, incapable de procurer le même soutien.

Personne n'aime sentir qu'il ne reçoit pas ce qu'il mérite, mais c'est tout aussi désagréable d'avoir l'impression d'être traité comme si on était redevable. Se sentir débiteur est nuisible à l'amitié, et fatal à la relation amoureuse.

Se sentir obligé nuit aux relations d'amitié et détruit les relations amoureuses.

En renonçant à espérer que le partenaire embellira notre vie et en assumant la responsabilité de son propre bien-être, on se rend compte qu'on a plus d'amour à offrir à son partenaire et que celui-ci a tant à donner en retour.

Chacun mérite de vivre une existence plus riche encore. Pour y parvenir, le travail consiste à ouvrir son cœur et à trouver le soutien nécessaire. Une grande sagesse réside dans cette reconnaissance : tout ce dont on a besoin est à notre portée et l'a toujours été. En ce moment même, chacun dispose du nécessaire pour avancer dans la bonne direction et recevoir encore davantage d'amour. Compter sur son partenaire pour combler tous les besoins revient à limiter ses propres possibilités.

La vie consiste à découvrir qu'on dispose de tout ce dont on a besoin et qu'on en a toujours disposé.

CHAPITRE 11

Conclusion

Mettre le cap vers l'harmonie

Pour préserver l'amour, la passion et l'attirance, il faut commencer par évacuer son stress. La passion dans le couple décroît quand on est tendu, fatigué ou débordé. Au lieu de tenter de rallumer l'étincelle amoureuse, il faut se concentrer d'abord sur les façons de réduire son niveau de stress.

Le romantisme occupe une place plus importante que jamais, alors même que, de par le monde, les femmes gagnent leur indépendance financière. Elles souhaitent réussir leur vie privée autant que leur carrière. L'ocytocine produite grâce au romantisme est un antidote efficace à la pression qu'elles subissent dans un environnement professionnel à prédominance masculine.

Les compliments, les attentions, les fleurs, les rendez-vous, les surprises, les cadeaux, les dîners aux chandelles et les relations sexuelles revêtent pour les femmes une importance cruciale, même pour les plus autonomes.

Nous l'avons vu, un homme peut marquer un grand nombre de points auprès d'une femme en se contentant de petites attentions, comme l'assurer de son amour ou lui proposer une soirée ou un week-end romantique. Cette forme de soutien soulage la femme de sa tension en l'amenant à produire une grande quantité d'ocytocine.

Au lieu d'attendre d'un homme qu'il se montre naturellement romantique, les femmes doivent se rappeler ses origines martiennes, le conduisant à appréhender son rôle tel un projet, avec un début et une fin clairement définis. Ce fonctionnement le conduit à imaginer, quand il est parvenu à démontrer sa capacité à se montrer romantique, qu'il a atteint son objectif. Pour s'assurer de continuer à goûter aux moments de complicité, il est sage pour une femme de prendre parfois l'initiative de suggérer une sortie, même si la magie semble plus intense quand l'idée vient de l'homme.

Un des grands obstacles à la passion durable réside dans le fait que les femmes forment des souhaits mais n'osent les formuler. Les hommes réagissent pourtant favorablement aux demandes claires, chaleureuses et courtes. Au début d'une histoire, l'objectif masculin consiste à prouver à sa conquête qu'il est l'homme de la situation ; aussi n'a-t-elle rien à lui demander. Il imagine en permanence des façons de lui exprimer à quel point il tient à elle. Plus tard dans la relation, il conclut que si elle ne réclame rien, cela signifie qu'elle est satisfaite de ce qu'elle reçoit. En même temps, si elle se plaint qu'il n'en fait pas suffisamment, il n'a pas l'impression d'être romantique. Sur Mars, il est pratiquement impossible de se sentir galant si on est critiqué. Souvenez-vous : c'est le sentiment de compétence et non d'échec qui stimule le niveau de testostérone.

Au début d'une histoire, les femmes n'ont pas à formuler le moindre souhait, car les hommes se montrent très empressés à leur faire plaisir.

Solliciter ce que l'on désire est ardu pour une Vénusienne ; et si cela concerne des preuves d'amour, cela lui semble encore plus délicat. Il lui appartient d'acquérir cette nouvelle compétence. Une femme ayant l'impression que les préoccupations professionnelles de son partenaire priment sur elle doit apprendre à le formuler sans se plaindre. Effectivement, cette approche ne produit pas le bénéfice escompté car elle décourage l'homme de se montrer charmant. La plupart des femmes, en se plaignant, perçoivent l'inefficacité de leur attitude, sans savoir laquelle adopter. Elles peuvent à présent recourir à une approche plus efficace.

Comment requérir davantage de romantisme

Souvenez-vous : il est important d'aborder un homme de façon positive et chaleureuse. Voici quelques techniques auxquelles les femmes peuvent recourir pour solliciter des moments de complicité.

- « Il y a une nouvelle pièce de théâtre en ville. J'aimerais bien que tu nous réserves une date. J'ai vraiment envie de sortir avec toi. »
- « Un concert est donné le mois prochain et j'ai obtenu des billets. Tu veux bien l'inscrire sur ton agenda et m'accompagner, s'il te plaît ? »
- « J'ai été invitée à une fête par mon amie Carole. Tu veux bien m'emmener ? Je sais que tu n'aimes pas trop ce genre de fête, mais cela me ferait tellement plaisir si tu y venais. »
- « J'ai obtenu une promotion aujourd'hui, et j'ai envie de fêter l'événement. Tu veux bien réserver une table quelque part et aller dîner avec moi ? »

- « Je viens de lire un article sur une plage que je ne connaissais pas, tout près d'ici. On y va samedi ? Je pourrais préparer un pique-nique et tu nous y conduirais. »
- « Je suis allée chez le coiffeur aujourd'hui. Je suis très contente. Je sais que les coupes de cheveux ne comptent pas beaucoup pour toi, mais j'aimerais bien avoir ton avis. »
- « Tu as vu, je me suis bien habillée pour le dîner chez nos amis, tu me trouves belle ? Je sais que c'est ce que tu penses, mais j'adore l'entendre. »
- « J'ai acheté ces deux petites bougies. J'ai pensé que ce serait sympa si j'en allumais une quand j'ai envie de faire l'amour, ou toi tu peux en allumer une et j'allumerai l'autre pour te faire savoir que je suis prête moi aussi. »
- « Tu veux bien t'occuper de la vaisselle, ce soir ? Je suis éreintée et j'aimerais bien prendre un bain avec des bulles. »
- « J'ai l'intention d'aller voir une exposition à ce musée. Je serai contente d'y aller seule, mais j'aime tellement quand tu m'y emmènes. »
- « Parfois, cela me manque de t'entendre dire que tu m'aimes. Je sais que c'est le cas, mais c'est tellement agréable quand tu m'assures de ton amour. »

Chacune de ces demandes est directe, brève et positive. Il ne s'agit pas d'une liste de doléances justifiant l'aide que la femme sollicite. En ayant recours à moins de mots, elle facilite la tâche de son compagnon, qui peut rapidement voir comment lui apporter l'aide qu'elle demande.

L'amour prime sur l'humeur du jour

Pour préserver l'amour et la passion, répéter ce qui semblait si facile par le passé ne suffit pas. Les bouleversements des rôles féminin et masculin ont modifié la donne et impliquent la recherche de nouveaux outils.

Combattre le surmenage se révèle plus nécessaire que jamais, et les stratégies proposées dans *Mars et Vénus en harmonie* peuvent vous y aider, en vous conduisant à prendre votre destinée en main et à chercher constamment à corriger la direction qu'elle suit.

Se laisser emporter par l'humeur de sa journée présente de trop grands risques. Il appartient à chacun de gérer sa pression, afin de ne pas laisser son énervement prendre le pas sur l'amour que l'on porte à son partenaire. Cela permettra au contraire de retrouver la proximité et la complicité qui pimentent et scellent la vie en couple.

Plus qu'un sentiment, l'amour est une attitude prévalente qui régit la façon dont nous nous comportons envers ceux que nous aimons. L'amour durable ne requiert pas de donner pour recevoir, car il est une récompense en soi.

La plénitude intérieure

En appliquant les conseils dispensés dans ces pages, vous surmonterez le stress qui vous amène à subir chaque jour des frictions au sein de votre couple. Ces nouvelles idées, basées sur les différences hormonales, permettront de contrer la tendance des hommes à la passivité et celle des femmes à se montrer exigeantes.

Ensemble, nous pouvons vaincre la tendance masculine à la passivité et la tendance féminine à se montrer exigeante.

Alors que vous apprenez comment combattre le surmenage nuisible pour le couple, vous préparez les fondements sur lesquels appuyer ou éveiller vos comportements romantiques et mieux adapter vos réactions à l'attitude de votre partenaire. Ce faisant, il est crucial de se souvenir qu'une nouvelle relation est toujours empreinte de prévenance et de confiance, mais qu'elle change au fil du temps. Espérer qu'un homme soit naturellement romantique risque de mener à l'échec et au rejet. Imaginer qu'il continue d'avoir les petites attentions du début de votre histoire est utopique et peut générer davantage de stress.

Qu'est-ce qui complique la situation ? Au début de la relation, nous parvenons instinctivement à élever la testostérone de l'homme et l'ocytocine de la femme, mais au fil du temps nous éprouvons des réticences à répéter ces « petites choses » pourtant très importantes.

Étudions le tableau suivant pour nous remémorer l'effet de notre comportement sur notre partenaire.

Mars au début de la relation et plus tard	**Vénus au début de la relation et plus tard**
Il prévoit des sorties – Il attend de voir ce qu'elle aimerait faire.	Elle est ravie de ses idées – Elle cherche à améliorer ses projets.
Il s'intéresse à sa journée – Imaginant qu'il en connaît le déroulement, il la salue et se plonge dans son journal.	Elle expose ses problèmes de la journée – Elle exprime ses émotions et se plaint de lui et de leur relation.
Il la complimente et lui montre son amour par des gestes rassurants – Imaginant qu'elle sait qu'il l'aime, il cesse de le lui montrer.	Elle confie ses inquiétudes et ses préoccupations – Sachant qu'il tentera de résoudre ses problèmes, elle n'exprime que ses préoccupations le concernant.

Il partage ses espoirs, ses projets et ses rêves – Afin d'éviter des critiques de sa part, il les garde pour lui.

Elle admire ses idées et ses projets – Dans l'idée de l'aider, elle souligne les erreurs et les lacunes de ses projets.

Il témoigne par de nombreux petits gestes qu'il veut la rendre heureuse – Il se concentre surtout sur la façon de subvenir aux besoins de la famille.

Elle aime accomplir tant de choses pour lui – Elle se sent accablée par tout ce qu'elle doit assumer.

Il prend tout le temps nécessaire quand ils font l'amour pour s'assurer que ses désirs sont comblés – Il imagine qu'elle n'a pas besoin ou envie de plus de temps.

Elle aime faire l'amour avec lui – Elle se sent trop fatiguée, débordée ou stressée pour faire l'amour.

Il s'intéresse à ce qu'elle pense – Il recule parce qu'il en a assez entendu.

Elle aime sa façon particulière d'accomplir le travail – Elle lui apporte son aide et ses conseils sans qu'il les ait demandés.

Il organise des soirées, des escapades ou des vacances – Il attend de connaître ses souhaits, parce que ses exigences lui semblent plus grandes qu'auparavant.

Elle apprécie de prendre du temps pour des choses amusantes – Elle hésite à prendre du temps pour s'amuser, car elle a tellement de choses à faire.

Il prend des risques et imagine de nouveaux projets – Il devient plus sédentaire et en fait moins, ou répète les mêmes activités.

Elle apprécie ses initiatives – Elle éteint la passion en soulignant ses erreurs passées.

Dans la phase de lune de miel, il est facile de se détacher des difficultés du quotidien. Quand la nouveauté de l'amour s'est estompée, le stress accumulé ressurgit. Percevoir le comportement amoureux de son partenaire comme un avant-goût de ce que l'union peut devenir laisse la place à l'espoir plutôt qu'au découragement. Une telle vision devrait inciter à prendre la responsabilité de son bonheur sans critiquer son conjoint. Cette attitude aide à retrouver la liberté de donner sans condition de retour.

Quand la nouveauté de la relation amoureuse s'est estompée, le stress reprend le pas dans le quotidien.

Une des qualités féminines les plus importantes est la capacité à voir le potentiel de quelque chose ou de quelqu'un. En période heureuse, la femme perçoit toutes les qualités de l'autre, alors que sous l'effet de la pression tout ce qui va mal ou pourrait aller mal lui saute aux yeux.

Une femme amoureuse est, jusqu'à un certain point, éprise du potentiel de l'homme. Si elle est assaillie par le stress au fil du temps, elle perd cette vision et se décourage. Sans espoir, les hommes comme les femmes perdent leur capacité à aimer librement.

Au lieu de nourrir du ressentiment à l'égard de son partenaire, la responsabilité de chacun consiste à œuvrer pour recouvrer la sérénité : cela aura pour effet de soulager aussi le stress du partenaire. Parfois, la certitude qu'il peut rendre sa compagne heureuse suffit à réduire la pression pour un homme. Quand son rôle se limite à lui apporter les 10 % qui amèneront sa compagne à se sentir extraordinairement bien, il retrouve soudainement une plus grande disponibilité.

Accepter les contraintes nécessaires

Un homme dont le niveau de testostérone est bas éprouve trop de tension pour se montrer galant. Il ne se sent pas dans l'état d'esprit adéquat. Pourtant, une soirée romantique passée avec sa compagne aurait des répercussions bénéfiques sur son niveau de testostérone.

Professionnellement, un homme n'hésite pas avant d'accomplir une tâche qui lui paraît rébarbative. Il l'assume parce que son travail l'y oblige. Son raisonnement se résume alors à « Je n'ai pas envie de le faire, mais je n'ai pas le choix, donc je suis heureux de le faire ». Il peut appliquer la même méthode à sa relation amoureuse, et s'apercevoir que la prévenance est une nécessité dans la vie à deux. S'il veut conserver la passion et l'attirance, il doit accepter les contraintes nécessaires.

Pour conserver la passion, il faut identifier les nécessités de la vie à deux et les accepter, même à contre-cœur.

Une femme dont le taux d'ocytocine est au plus bas se sent trop débordée pour sortir. Cependant, en autorisant son partenaire à organiser une sortie en sa compagnie, elle constatera une amélioration de son bien-être, même si le film ou le restaurant ne se sont pas révélés à la hauteur de ses attentes. Elle pourra apprécier l'initiative de son compagnon et son souci de prendre ses besoins en compte.

Renoncer au romantisme

Selon les statistiques, il ressort que les hommes divorcés se remarient au bout de trois ans alors que les femmes attendent en moyenne neuf ans. Il n'est pas ici question des femmes, plus nombreuses que les hommes, qui choisissent de rester seules. Elles voient dans le mariage une source plus importante de soucis que de bénéfices. Les femmes indépendantes financièrement ont moins tendance à se remarier.

Dans certains cas, elles se sentent plus heureuses seules que lors de leur union. Elles identifient à tort l'origine de leur nouveau bonheur à l'absence de soucis liés à un partenaire absent ou réticent à s'occuper d'elles. Pourtant, le véritable changement réside dans la prise de responsabilité de leur existence. Elles ne comptent dorénavant plus sur leur compagnon pour les rendre heureuses, et assument elles-mêmes la charge de leur bien-être.

Chaque femme peut faire la découverte de cette réalité sans avoir à divorcer. En se chargeant désormais de rechercher le soutien là où il se trouve, elles peuvent être plus heureuses et profiter du bienfait supplémentaire d'un conjoint qui non seulement enrichit leur plénitude mais encore les accompagne dans leur bonheur.

Les femmes divorcées sont souvent plus heureuses, parce qu'elles assument la responsabilité de leur bonheur.

Les femmes vivant seules et heureuses ont renoncé à l'attente et à la dépendance d'un homme pour leur bien-être. Malheureusement, elles ont, par la même occasion, fermé la porte à un partenaire qui aurait pu, par ses efforts, donner les 10 % susceptibles de leur procurer un bonheur plus complet.

COMPRENDRE CE QUI IMPORTE LE PLUS

Quand une personne meurt soudainement, ses proches regrettent souvent de n'avoir pas eu l'occasion de lui témoigner leur amour. On a l'impression de se réveiller tout à coup et de prendre conscience de ce qui importe le plus dans la vie.

Personne, sur son lit de mort, ne regrette les erreurs professionnelles qu'il a commises. Au contraire, la plupart des gens pensent à la qualité de leurs relations. Nos plus grandes joies et nos plus vifs regrets trouvent leur source dans les décisions qui concernent nos relations intimes.

Un signe parlant de la montée du stress est la perte de vue de l'ordre des priorités. Trouver le temps d'aimer son partenaire et sa famille est un luxe aujourd'hui, et souvent on ne s'en aperçoit que lorsqu'il est trop tard.

Un signe parlant de la montée de stress est la perte de vue de ce qui importe le plus dans la vie.

J'entends constamment la même histoire de la bouche de personnes ayant survécu à une crise cardiaque ou à un cancer. Ils avaient placé l'argent, le succès et la réussite sur leur liste de priorités avant les personnes aimées et les plaisirs simples de savourer la vie quotidienne. Pourquoi attendre la fin de son existence pour en prendre conscience ?

Les femmes apprécient par-dessus tout de s'occuper des autres. Mais sous l'effet du surmenage, elles oublient à quel point elles affectionnent cette activité qui nourrit leur âme. Au lieu de goûter aux joies de l'amour inconditionnel, elles éprouvent de l'amertume à ne pas se voir récompensées en retour.

Les hommes aiment aussi se sacrifier à leur façon. Ils endurent les temps difficiles et les contraintes professionnelles pour subvenir aux besoins de ceux qu'ils aiment. Mais sous l'emprise du stress, un homme oublie la raison qui l'amène à travailler avec autant d'acharnement. Sans une femme ou une famille à aimer, la vie d'un homme est vide. Protéger sa femme et sa famille apporte à son existence son sens et sa raison d'être.

Alors que le rôle féminin a évolué de celui d'épouse à celui de soutien de famille, le rôle masculin ne consiste désormais plus à se contenter d'assurer l'aisance financière des siens. Il lui est à présent demandé de soutenir émotionnellement sa femme, qui subit plus de pression que jamais.

Les nombreux mystères du sexe opposé

Comprendre les différences hormonales et neurologiques apporte un nouvel éclairage, propre à dévoiler les nombreux mystères du sexe opposé. Grâce aux découvertes de *Mars et Vénus en harmonie*, il est désormais possible d'identifier le fondement de bien des conduites qui semblaient jusqu'alors incompréhensibles. Cette découverte embellit la vie de couple.

Ce qui irritait est à présent une source d'amusement. Ce qui blessait n'est plus pris de travers. Au lieu d'éprouver frustration et découragement dans ses tentatives de communiquer son amour et ses besoins, on entrevoit une nouvelle source d'espoir pour l'avenir.

Mars et Vénus peuvent trouver l'harmonie. Ensemble, ils sauront combattre le surmenage et mettre le cap sur un amour durable.

Remerciements

Je remercie ma femme, Bonnie, qui m'a secondé dans la rédaction de ce livre. Elle est la plus passionnée de mes fans et j'ai pu, grâce à elle, mieux comprendre le point de vue féminin.

Je remercie nos trois filles, Shanon et son mari Jon, Juliet et son mari Dan, et Lauren, pour leur amour et leur soutien sans relâche. Nos nombreuses conversations ont enrichi ma vision de la vie d'une jeune femme aujourd'hui.

Je remercie mon équipe pour avoir organisé et assuré la promotion de mes conférences et séminaires, pour avoir collaboré aux rubriques de presse, aux émissions de télévision et de radio et à la rédaction des communiqués promotionnels, pour avoir contribué au développement et à la distribution des produits nutritionnels, au site Mars Venus.com, et au coaching par téléphone AskMars-Venus.com, ainsi que pour avoir rendu possibles les retraites de bien-être Mars Vénus. Vous n'êtes pas nombreux, mais vous en faites beaucoup.

Je remercie mes éditrices, Kathy Hucks et Diane Reverand, pour leurs brillants commentaires et leurs conseils éditoriaux et les PDG de Harper Collins, Jane Friedman et Jonathan Birinham, pour leur vision à long terme et leurs encouragements. Je remercie le Dr Steven Kunkes pour la relecture des chapitres scientifiques qu'il a assurée, afin d'en vérifier l'exactitude.

Les idées de ce livre trouvent leur source dans ma propre expérience de vie de couple ainsi que dans l'aide que j'ai pu apporter. Mais sans les milliers de personnes qui ont généreusement partagé leur point de vue, leur vécu et leurs recherches, cela n'aurait jamais été aussi riche.

Je remercie les confrères et experts qui m'ont aidé au cours de mes recherches : Dr Daniel Amen, John et Cher Anderson, Jack Canfield, Warren Farrell, Jim et Kathy Cover, Tony et Randi Escobar, Dr Solar Farahmand, Dr Mitzi Gold, Dr Dennis Harper, Dr William Hitt, Peter et Sarah Greenwall, Dr Tom McNeillis, Dr Gary Gordon, Ron Reid, Dr Brian Turner, Harv Ecker, et Dr Cynthia Watson.

Je remercie les milliers de personnes qui m'ont confié leur expérience personnelle, leurs préoccupations et leurs considérations.

Notes et bibliographie

Les informations scientifiques contenues aux chapitres deux et trois sont communément admises par les scientifiques et les médecins. Voici quelques-unes des références Internet proposant des explications accessibles et sans trop de technicité.

Sur les différences entre les cerveaux

– Baron-Cohen, Simon, « *They Just Can't Help It* », *The Guardian Unlimited,* www.guardian.co.uk.
– Hamann, Stephan, « *Sex Differences in the Responses of the Human Amygdala* », *The Neuroscientist,* vol. 11, n° 4, 2005, pp. 288-293.
– « *How Brain Gives Special Resonance to Emotional Memories* », www.science daily.com, adaptation d'une communication de Duke University Press Release, 10 juin 2004.
– « *Intelligence in Men and Women Is a Gray and White Matter* », http://today.uci.edu, 20 janvier 2005.
– Kastleman, Mark, « *The Difference Between the Male and Female Brain* », www.contentwatch.com.
– « *Male/Female Brain Differences* », www.medicaleducationonline.org, 25 octobre 2006.
– « *The Mismeasure of Woman* », www.economist.com, 3 août 2006.
– Sabbatini, Renato M.E., Ph.D, « *Are There Differences between the Brains of Males and Females ?* » www.cerebromente.org.

– Thornton, Jim, « *Why the Female Brain Is like a Swiss Army Knife* », www.USAWeekend.com, 3 janvier, 1999.

– « *Women Have Better Emotional Memory* », Associated Press www.usatoday.com, 22 juillet 2002.

Sur la testostérone

– Girdler, Susan s., Jammer, Larry D., Shapiro, David, « *Hotility Testosterone, and Vascular Reactivity to Stress* », *International Journal of Behavioral Medicine,* 1997, vol. 4, n° 3, pp. 242-263.
– Mason, Betsy, « *Married Men Have Less Testosterone* », New Scientist.com, 15 janvier 2007.
– Mitchell, Natasha, « *Testosterone, The Many Gendered Hormone* », www.abc.net.
– « *Testosterone Background* », www.seekwellness.com.
– « *Testosterone Tumbling in American Males* », http://healthy.yahoo.com, 27 octobre 2006.

Sur l'ocytocine

– Barker, Susan E, « *Cuddle Hormone, Research links Oxytocin and Socio-sexual Behaviors* », www.oxytocin.org.
– Foreman, Judy, « *Women and Stress* », www.myhealthsense.com ; 13 août 2002.
– « *Oxytocin* », http://encyclopedia.thefreedictionary.com.
– Russo, Jennifer, « *Womenkind : the Stress Friendly Species* », www.ivillage.co.uk
– Turner RA, Altemus M., Enos T. Cooper B, McGuiness T, California School of Professional Psychology, « *Preliminary Research on Plasma Oxytocin in Normal Cycling Women : Investigating Emotion and Interpersonal Distress* », *Psychiatry* 1999 Summer ; 62 (2) : 97-113 et sur www.oxytocin.org.

– Uvnas-Moberg K, « *Oxytocin May Mediate the Benefits of Positive Social Interaction and Emotions* », *Psychoneuroendocrinology*, 1998, novembre ; 23 (8) : 809-35 et sur www.oxytocin.org.

Sur le stress

– Eller, Daryn, « *Stress and Gender* », http://www.webmd.com, 6 novembre 2000.
– « *Cortisol* » http://www.advance-health.com.
– « *Cortisol & Weight Gain* », http://annecollins.com.
– McCarthy, Lauren A., « *Evolutionary and Biochemical Explanations for a Unique Female Stress Response : Tend-and-Befriend* », www.personalityreserach.org.
– Stoppler, MD, Melissa Conrad, « *Stress, Hormones and Weight Gain* », www.medicinenet.com.
– Neimark, M.D. Neil F., « *The Fight or Flight Response* », www.TheBodySoulConnection.com.
– « *Stress and the Fight-of-FlightResponse* », http://www.arthritis.ca.
– « *Stress,Cortisol and Weight Gain : Is Stress Sabotaging Your Weight and Health ?* », www.fitwoman.com.
– The Stress System : Adrenaline and Cortisol », www.wikibooks.com.
– « *Why Men and Women Handle Stress Differently* », www.webmd.com

Sur les activités Mars et Vénus en France :

www.marsvenus.fr

Annexe A

Réduire le stress par la détoxification cellulaire

J'ai été le témoin à plusieurs reprises des miracles de la détoxification cellulaire sur des milliers de personnes, adultes et enfants. En moins de sept jours, les niveaux de glucide du sang s'étaient équilibrés et les envies de sucre avaient disparu, la pression sanguine avait atteint un niveau normal alors que le stress baissait, le poids avait diminué de deux à quatre kilos, la densité osseuse avait commencé à remonter et le besoin d'antidépresseurs et de somnifères avait laissé la place à un sommeil profond, une humeur positive et de l'énergie décuplée. Et alors que de bonnes techniques en communication favorisent un équilibre chimique adéquat dans le cerveau, il est tout aussi crucial de choisir les aliments les plus sains et nutritifs et de prendre les compléments alimentaires appropriés.

Les signes d'amour bénéfiques n'ont d'impact sur les hormones et l'équilibre chimique du cerveau que si les matériaux de base sont disponibles. En ne se nourrissant que de calories vides, on rencontre bien plus de difficulté à atteindre les résultats visés, même après plusieurs lectures de cet ouvrage. Il peut aussi être très efficace d'opérer une détoxification de ses croyances limitatives – parfois même toxiques – en même tant que l'on nettoie les cellules de son corps.

Les connaissances sur la communication ne peuvent produire d'effet sur les hormones et la chimie du cerveau que si les matériaux bruts sont disponibles.

Le monde actuel est indéniablement pollué par de nombreux produits chimiques, qui élèvent le niveau de stress et génèrent des maladies. Plus important encore, ces toxines et produits chimiques empêchent le corps de retrouver sa capacité à combattre les maladies et à gérer le stress efficacement. Pour certains types corporels, cette accumulation de toxines se traduit par l'obésité, le cancer ou les maladies cardiaques ; pour d'autres, il s'agit d'ostéoporose, d'insomnie et de troubles de l'anxiété. Il serait illusoire de penser que le stress n'a aucun effet sur les relations. Il importe d'abandonner les rôles et les formes de communication qui ne fonctionnent plus aujourd'hui ; parallèlement, il faut aider le corps à se débarrasser des toxines accumulées au fil du temps. En procédant régulièrement à une détoxification de ses cellules, on augmente leur capacité à absorber les nutriments disponibles dans la nourriture ingérée. Les voitures qui se salissent ont besoin d'un bon nettoyage de temps à autre, il en va de même pour le corps. Il ne suffit pas de bien se nourrir, il faut aussi aider son corps à se débarrasser des déchets toxiques et des acides qui empêchent les cellules de combattre le stress, de produire donc bien plus d'énergie.

Annexe B

UNE CHIMIE DU CERVEAU QUI MÈNE À LA SANTÉ, AU BONHEUR ET À L'AMOUR

Le cerveau féminin est plus sensible au surmenage que le cerveau masculin. Le flux sanguin étant plus important dans les parties émotionnelles du cerveau, la femme a besoin de davantage de sérotonine qu'un homme pour gérer efficacement le stress. Fabriquer plus de sérotonine l'aide à détendre son cerveau et à se souvenir des aspects positifs de sa vie envers lesquels elle peut éprouver de la gratitude. En nettoyant ses cellules et en ingérant des compléments alimentaires de protéines très digestes, d'oméga 3 et de vitamine B, une femme peut augmenter sa production de sérotonine.

La sérotonine est liée à l'optimisme, au confort et au contentement, exactement ce dont une femme a besoin pour contrebalancer les méfaits du stress ou du sentiment de danger. Les hommes gagnent aussi à accroître leur production de sérotonine, mais pas autant que les femmes, dont la partie émotionnelle du cerveau est très active. Leur cerveau consomme dès lors leur réserve de sérotonine plus rapidement. De plus, les hommes conservent, pour les urgences, 50 % de sérotonine en plus que les femmes, et leur sérotonine est 50 % plus efficace. Cette différence s'est probablement établie à une époque où les hommes devaient affronter de grands dangers pour protéger leur famille. Aujourd'hui, les femmes occupent des emplois aussi stressants que ceux des hommes, mais leur cerveau ne produit pas la sérotonine avec autant d'efficacité. L'origine actuelle du surmenage des femmes apparaît dès lors avec plus d'évidence. Les hommes qui auront pu s'en apercevoir se verront plus motivés à soutenir leur compagne qui doit faire face au stress.

Si les femmes parviennent à stimuler la fabrication de sérotonine dans leur cerveau, elles sont mieux armées pour combattre la tension. Des sommes colossales sont aujourd'hui dépensées en médicaments destinés à aider les femmes à mieux utiliser leur sérotonine pour surmonter l'angoisse ou la dépression. Les études les plus prudentes montrent que les femmes ont recours à deux fois plus d'antidépresseurs que les hommes. Je pense personnellement que ce chiffre est sous-évalué ; les femmes prennent au cours de leur vie en moyenne dix fois plus d'antidépresseurs que les hommes. Ces antidépresseurs aident grandement des millions de femmes, mais n'ont pas d'effet sur la pression subie. Un des nombreux effets secondaires de ces médicaments est l'augmentation du taux de cortisol. Or le cortisol est une hormone du stress, nous l'avons vu. Quand il monte, le niveau d'énergie descend. Une femme peut éprouver un soulagement grâce aux antidépresseurs, leur action favorise cependant son stress.

LES ANTIDÉPRESSEURS AUGMENTENT LE NIVEAU DE STRESS DU CORPS

La production naturelle de sérotonine diminue le niveau de stress du corps, alors que les médicaments augmentant la sérotonine produisent l'effet inverse. Par conséquent, il arrive couramment que les femmes voient leur poids augmenter et leur énergie décliner. D'autres femmes, qui n'avaient pas pris de poids, commencent à ressentir des frénésies de sucres rapides pour augmenter leur énergie et risquent alors la perte de densité osseuse et l'ostéoporose. D'autres effets secondaires d'un excès de consommation de glucides rapides sont la production d'acide lactique et la perte de calcium au niveau osseux. Prendre davantage de calcium n'est pas la bonne solution pour endiguer la perte osseuse et limiter les taux élevés de cortisol. Pour plus d'informations sur ce sujet, je vous invite à consulter mon ouvrage *Mars et Vénus au régime*.

Table des matières

Composition PCA
44400 – Rezé

Dépôt légal : avril 2008
ISBN : 978-2-7499-0840-3
LAF 1064

Achevé d'imprimer au Canada en avril 2008
sur les presses de Quebecor World St-Romuald